초등과학교과 연계 교육과정	
3-1 과학	2. 물질의 생성
4-1 과학	5. 혼합물의 분리
4-1 과학	6. 지구의 모습
4-2 과학	2. 물의 상태 변화
4-2 과학	3. 거울과 그림자
5-1 과학	1. 온도와 열
5-1 과학	4. 용해와 용액
5-2 과학	1. 날씨와 우리 생활
5-2 과학	4. 우리 몸의 구조와 기능

세상을 움직이는
작은 가루 이야기

참고 문헌

『분체의 과학』 진보 겐지(저), 서태수(역), 전파과학사
『不思議な粉の世界-粉を科學する』 (社)日本粉體工業技術協會編(편집), 日刊工業新聞社
『粉(こな)の本』 山本英雄, 伊ケ崎文和, 山田昌治(공저), 日刊工業新聞社
『재미있는 가루 이야기』(「슬기랑지혜랑」 연재), 최희규(저), 금성출판사

세상을 움직이는 작은 가루 이야기

6쇄 발행 2023년 10월 20일

지은이 최희규, 정유나 **그린이** 박범희
펴낸이 정혜숙 **펴낸곳** 마음이음

책임편집 이금정
등록 2016년 4월 5일(제2016-000005호)
주소 03925 서울시 마포구 월드컵북로 402, 9층 917A호(상암동 KGIT센터)
전화 070-7570-8869 **팩스** 0505-333-8869 **전자우편** ieum2016@hanmail.net
블로그 https://blog.naver.com/ieum2018

ISBN 979-11-89010-04-1 74000
       979-11-960132-3-3 (세트)

ⓒ 최희규, 정유나 2018
이 책의 내용은 저작권법의 보호를 받는 저작물이므로 무단전재와 복제를 금합니다.
책값은 뒤표지에 있습니다.

세상을 움직이는
작은 가루 이야기

최희규·정유나 지음 | 박범희 그림

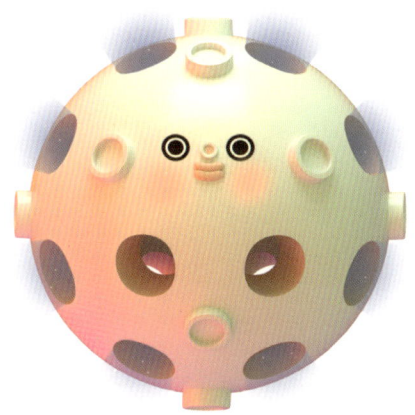

마음이음

작가의 말

　몇 해 전, 일반인 대상으로 『가루와 함께 일주일만 놀아보자!』라는 분체공학에 관한 책을 출판했었습니다. 분체공학이라는 말이 낯설지요? 쉽게 말해 가루를 연구하는 학문입니다. 제 나름대로 독자들이 가루에 관해서 쉽게 이해할 수 있게 책을 쓴다고 썼습니다만, 많은 분들이 여전히 가루에 대해 잘 모르는 것 같습니다.
　가루는 공기나 물처럼 우리 생활과 매우 밀접합니다. 너무 가까이 있다 보니 그 중요성을 잘 모르고 있는 것이지요.

　우리는 매일 아침, 칫솔에 치약을 짜서 이를 닦습니다. 아빠는 커피를 마시며 하루 업무를 시작하고, 엄마는 외출하기 전에 화장을 합니다. 또 지하철을 타고 가다 보면 핸드폰 액정을 터치하면서 인터넷 뉴스를 보는 사람들도 많습니다. 더러워진 옷을 빨려고 세탁기에 세제를 넣고, 도서관에서 과제에 필요한 자료를 복사해 오기도 합니다. 어디 그뿐인가요? 빵이나 떡볶이는 아이들이 좋아하는 간식이기도 하지요.

 자, 어떤가요? 우리 일상에서 수시로 먹거나 이용하는 게 모두 가루와 관련 있지요?

 가루 연구자로 평생을 살아가는 저에게 어떻게 하면 가루를 어린이들에게 쉽게 알릴 수 있을까가 매우 큰 숙제였습니다. 그러는 중 마음이음 출판사에서 가루에 관해 어린이들이 쉽게 만날 수 있는 책을 준비해 보자는 제안이 왔습니다. 어린이 눈높이에 맞추어 책을 쓴다는 게 쉽지 않은 작업이었지만 무척 행복하고 의미 있는 시간이었습니다.

 좋은 그림 작가 선생님을 만나 개성 있는 가루 캐릭터가 만들어졌고, 구성 작가로 인해 이전에 출간된 『가루와 함께 일주일만 놀아보자!』보다 어린이들이 재밌게 볼 수 있는 책이 되었습니다.

 아무쪼록 많은 어린이들이 가루에 관해서 관심을 가지고, 우리 주위에 많이 있는 가루의 쓰임과 가루의 중요성 등을 조금이나마 알 수 있으면 좋겠습니다.

 항상 응원해 주는 제 가족을 비롯하여 책을 만들어 주신 분들과 제 주위의 모든 분들께 감사드립니다.

오늘도 가루를 연구하면서 최 희 규

차례

 **요리에 쓰이는 가루** |밀가루와 설탕| · 12

가루가 작을수록 잘 달라붙어요 · 16
작은 가루일수록 잘 녹아요 · 17

 **빛나는 가루** |유리 가루| · 18

가루가 빛을 반사시킨다고요? · 22
빛 반사에는 어떤 종류가 있을까요? · 23

 **축제에 쓰이는 가루** |폭죽에 들어가는 가루| · 24

가루가 작을수록 잘 타요 · 28
폭죽을 어떻게 만들까요? · 29

 **빨아들이는 가루** |고분자 가루| · 30

고분자 가루가 물을 빨아들인다고요? · 34
고분자 가루의 크기는 어떻게 잴까요? · 35

⑤ 매끄러운 돌가루 |활석 가루| · 36

가루로 만들면 섞기 쉬워요 · 40
활석과 석면의 불행한 만남 · 41

⑥ 스마트한 가루 |액정 가루| · 42

액체이기도 하고 고체이기도 한 액정 가루 이야기 · 48
LCD 모니터의 놀라운 세계 · 49

⑦ 에너지를 내는 가루 |이산화티타늄 가루| · 50

가루를 구워서 금속을 만든다고요? · 54
티타늄은 어디에 사용될까요? · 55

⑧ 사막에서 날아온 가루 |황사| · 56

황사와 함께 날아다니는 꽃가루 · 61

⑨ 걸러져야 하는 가루 |미세먼지| · 62

크기가 작으면 걸러 내기 어려워요 · 66
미세먼지의 크기를 어떻게 표시할까요? · 67

⑩ 치료하는 가루 |가루약과 마이크로캡슐| · 68
가루는 얼마나 작을까요? · 72
소화돼서 우리 몸에 흡수될 수 있는 가루의 크기는? · 73

⑪ 병들게 하는 가루 |석면 가루| · 74
가루의 모양과 크기는 제각각이에요 · 78
석면의 기막힌 역사 · 79

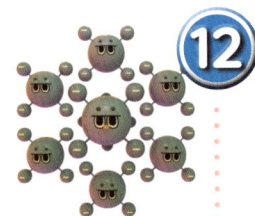
⑫ 똑같이 찍어 내는 가루 |토너 가루| · 80
가루가 폭발한다고요? · 84
정전기는 언제 발생하나요? · 85

⑬ 쓰고 그리는 가루 |먹과 연필심| · 86
물에 녹지 않는 가루도 있나요? · 91

⑭ 예술품이 된 가루 |흙가루| · 92
가루로 특별한 도자기를 만든다고요? · 97

15 깨끗하게 하는 가루 |탄산수소나트륨 가루| · 98

가루가 물처럼 흐른다고요? · 102
탄산수소나트륨의 또 다른 이름, 베이킹소다 · 103

16 위험한 가루 |시안화칼륨 가루| · 104

가루는 다른 종류의 가루와 잘 섞여요 · 109

17 우주를 여행하는 가루 |파인세라믹 가루| · 110

같은 가루로 다른 물질을 만들어요 · 115

① 요리에 쓰이는 가루
밀가루와 설탕

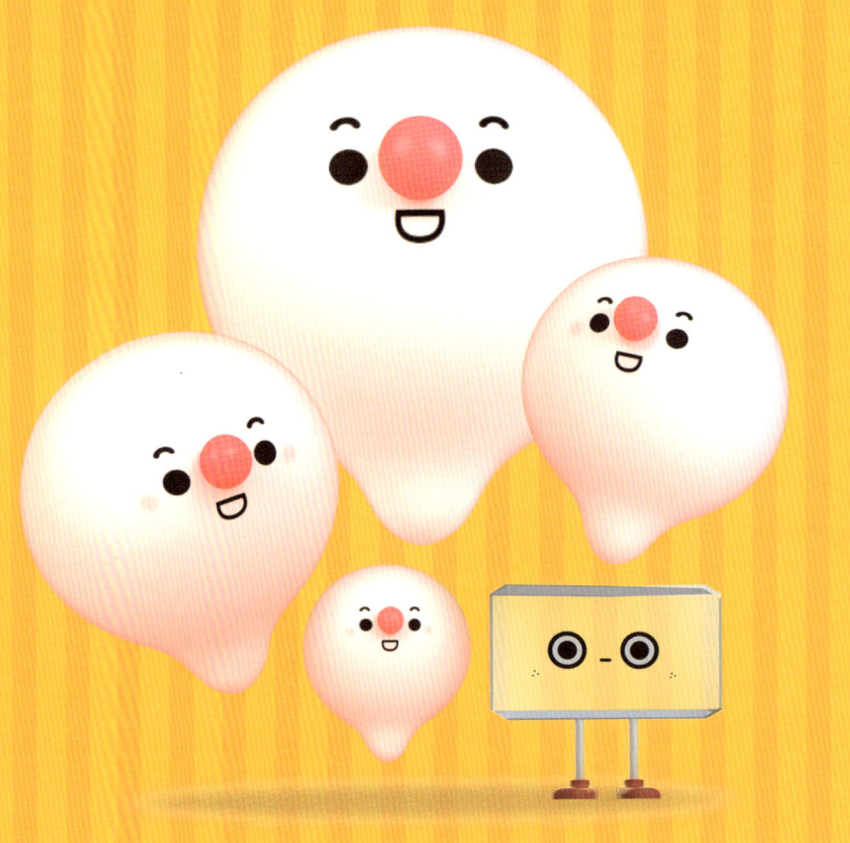

> 나야, 밀가루!

	얘들아, 안 돼! 옷깃을 펄럭이면 안 돼! 조심조심! 숨을 헐떡거려도 안 돼! 나는 아주 약한 바람에도 날아갈 수 있으니 조심해야 해! 내가 누구인지 궁금하지?
아이	응, 가르쳐 줘!
	그럼 힌트를 줄게. 맞혀 봐. 나는 눈처럼 흰색이고 물과 만나면 끈적끈적해져. 김치와 부추를 만나면 부침개가 되지. 또 나를 반죽한 뒤 가늘고 길쭉하게 만든 다음 끓는 물에 바지락, 새우, 호박, 당근과 함께 끓이면 맛있는 칼국수가 돼. 면을 삶아 그 위에 자장 소스를 얹으면 자장면이 되지. 그뿐인 줄 아니? 나를 우유, 달걀, 버터랑 잘 섞어서 구우면 군침 도는 빵이 돼.
아이	아, 알았다. 너는 밀가루야!
	맞았어! 어어어……, 도와줘! 내 몸이 날아가고 있어. 어휴! 큰일 날 뻔했네. 나랑 이야기할 때는 조심조심 말해야 해! 말할 때 나오는 입김만으로도 내 몸은 멀리 날아갈 수 있거든.
아이	미안……. 그런데 이상하네. 가게에서 파는 밀가루 봉지를 들어 보면 꽤 무겁던데……?
	아무리 가벼운 가루라도 한데 모이면 무거워져. 물론 밀가루 중에서도 날씬한 애들과 뚱뚱한 애들이 있지만 보통 밀가루의 크기는 머리카락 두께의 반도 안 돼. 어림잡아 보면 1킬로그램짜리 밀가루 한 봉지에 지구에 사는 75억 인구의 17배나 많은 약 1280억 개의 밀가루들이 들어 있단다. 놀랍지?
아이	그렇게나 많이? 우아~, 원래 밀이 그렇게 작은 거야?
	아니. 밭에서 나는 통밀의 크기는 쌀알과 비슷해. 밀가루는 통

	밀을 곱게 빻은 거야.
아이	쌀은 가루로 먹기보다는 통째로 삶아 먹잖아. 그런데 밀은 왜 가루로 만들어서 먹어?

요즈음에는 겉껍질을 벗겨 낸 통밀을 쌀과 섞어 밥을 짓기도 하지. 하지만 오랜 옛날부터 밀을 식사용으로 먹어 온 서양에서는 통밀을 삶아 먹지 않았어. 옛날에는 통밀 껍질을 벗기기가 쉽지 않았거든. 그래서 먹을 때 거칠고, 소화가 잘 안 되었지. 대신 가루로 만들어 파스타, 빵, 과자 등 다양한 음식으로 발전시켰단다. 가루로 만든 밀가루 음식은 맛도 좋고, 소화도 잘 돼. 무엇

나는 한식, 중식, 양식 모두 할 수 있는 만능 요리사~!

보다 곡식을 가루로 만들면 오래 보관할 수 있지. 부피가 줄어들어 자리를 많이 차지하지 않고, 바싹 말릴 수 있어 잘 썩지 않거든.

아이   그렇구나. 하지만 통밀을 가루로 빻는 일은 힘들잖아. 그래서 옛날 사람들은 밀가루보다 간편하게 삶아 먹을 수 있는 쌀을 더 많이 먹었을 것 같아.

아니, 그렇지 않아. 사람들은 쌀보다 밀을 먼저 농사짓기 시작했어.

아이   왜 그랬을까?

밀농사가 더 쉬웠거든. 벼농사를 지으려면 물이 많이 있어야 해. 그래야 모내기를 할 수 있거든. 하지만 밀은 비가 조금밖에 내리지 않아도 잘 자라.

아이   그랬구나. 그럼 밀가루만큼이나 새하얗고 맛있는 설탕도 큰 설탕 덩어리를 갈아서 만드는 거야?

아니, 설탕은 사탕무나 사탕수수에서 나오는 즙을 이용해서 만들어.

아이   즙으로 어떻게 설탕을 만들어?

즙을 여러 번 끓이면 진한 당분만 남게 돼. 그 당분이 굳으면 설탕 덩어리가 만들어져. 이것을 원료당이라고 해. 우리나라의 설탕 공장에서는 이 원료당을 수입해서 다시 물에 녹여 불순물을 걸러 낸 뒤 건조시키는 등 여러 과정을 거쳐서 설탕을 만든단다.

아이   아! 밀가루는 빻아서 만들고, 설탕은 끓여서 만드는 거네.

가루가 작을수록 잘 달라붙어요

그릇에 밀가루를 담고 물을 부어 보세요. 그런 다음 손가락으로 저어 보세요. 밀가루들이 엉겨 붙으며 손가락에 찐득찐득하게 달라붙을 거예요.

너무 질다 싶으면 밀가루를 솔솔 뿌리면서 손으로 주물러 보세요. 어느새 말랑말랑한 밀가루 반죽이 된답니다.

밀가루에는 풀 역할을 하는 글루텐이 들어 있어요. 그래서 피자 판처럼 넓게 늘릴 수 있고, 국수 가락처럼 가늘고 길게 만들 수도 있어요. 또한 반죽한 덩어리를 오븐에서 구우면 빵이 되지요.

하지만 통밀을 물에 넣고 아무리 저어도 엉겨 붙지 않아요. 통밀 대신 쉽게 구할 수 있는 쌀로 실험해 볼까요?

쌀에 물을 넣고 아무리 주물러 보아도 반죽이 되지 않지요. 하지만 쌀을 가루로 만들면 반죽할 수 있어요. 우리는 쌀가루 반죽으로 송편을 만들지요. 흙도 마찬가지예요. 알갱이가 작은 찰흙은 잘 뭉쳐지지만, 알갱이가 큰 모래는 뭉쳐지지 않는답니다.

작은 가루일수록 잘 녹아요

똑같은 크기의 그릇에 같은 양의 물을 담아요. 그리고 각설탕을 2개 준비해서 각각의 그릇에 한 개는 그대로 넣고, 다른 하나는 여러 조각으로 잘라서 넣어요. 어느 각설탕이 더 빨리 녹을까요?

여러 조각으로 자른 각설탕이 빨리 녹지요. 이 차이는 물에 닿는 면적이 서로 다르기 때문에 생기는 거예요.

한 면의 길이가 10밀리미터인 정육면체 모양의 각설탕에서 물에 닿는 면적을 계산해 볼까요? 한 면의 면적은 10㎜(가로) × 10㎜(세로) = 100㎟입니다. 같은 면이 6개 있으니까 총 600㎟가 물에 닿아요.

이번에는 8조각으로 자른 각설탕이 물에 닿는 면적을 계산해 볼까요? 8조각 중 한 개의 각설탕 한 면의 면적은 5㎜(가로) × 5㎜(세로) = 25㎟입니다. 같은 면이 6개 있으니까 작은 조각 하나당 150㎟가 물에 닿게 되며, 총 8조각이니 150㎟ × 8 = 1200㎟가 물에 닿게 돼요. 따라서 가루 크기가 작을수록 물에 닿는 면적이 넓어져서 빨리 녹는 것을 알 수 있어요.

② 빛나는 가루
유리 가루

나야, 유리 가루!

아이	영화를 보고 나니 벌써 어두워졌네! 밤에는 아무것도 안 보이는데 엄마가 운전을 잘할 수 있을까?
	내가 있으니까 걱정하지 마!
아이	너는 누구니? 눈부셔서 눈을 뜰 수가 없잖아. 밤에도 이렇게 반짝거리는 것을 보니 혹시 하늘에서 떨어진 별이니?
	하하! 나를 별이라고 생각하다니 기분 좋은데? 하지만 별은 아니야. 나는 도로에서 왔거든.
아이	어디, 어디? 도로 위에 아무것도 없는데……?
	자동차 전조등을 켜 봐! 그럼 내 친구들이 아주 잘 보일 거야!
아이	차선 말고는 안 보이는데?
	차선에 있는 것이 내 친구들이야. 내 친구들이 전조등에서 나온 빛을 반사하고 있는 거거든.
아이	그래서 이렇게 차선이 잘 보이는 거구나. 차선이 잘 보이니 밤에 운전해도 위험하지 않겠어. 하지만 저렇게 도로 바닥에 깔려 있으면 자동차가 밟고 지나갈 때마다 가루가 떨어져 나가지 않아?
	맞아. 나처럼 떨어져 나오기도 하지! 그래서 차선에는 내 친구들이 여러 겹으로 깔려 있어. 친구 하나가 떨어져 나가도 다른 친구들이 많이 있으니 괜찮아.
아이	그런데 너는 어떻게 밤에도 잘 보이는 거야?
	나는 아주 작은 유리 가루야. 내 몸으로 빛이 들어오면 들어온 방향으로 빛을 다시 반사해 버리지.
아이	거울처럼 말이야?
	아니, 거울과는 달라. 거울은 정면에서 빛을 비추었을 경우에만

19

똑바로 보이거든. 내 말을 못 믿겠거든 밤에 불을 끄고 거울 옆에서 전등을 비추어 봐. 그럼 네가 비춘 빛이 너에게 오질 않고 저 멀리 달아날 거야!

아이　아하! 그렇다면 도로에 유리 가루 대신 거울 가루가 있으면 전조등을 비춰도 도로 표시를 잘 볼 수 없겠구나!

　　　그렇지!

아이　너를 만들기 위해서는 특별한 기술이 필요할 것 같아.

　　　맞아. 그럼 내가 어떻게 만들어졌는지 설명해 줄게. 유리를 모래 알보다도 잘게 부순 뒤에 열을 가하면 어떻게 될까?

아이　어떻게 되는데?

　　　유리 가루 하나하나가 물방울처럼 동그래져서 아주 작은 유리공이 돼. 유리공이 동그랗고 투명할수록 빛을 잘 반사하게 되지.

아이　와, 정말 신기하다. 도로에 이런 과학이 숨어 있었다니!

　　　아직 놀라기는 일러. 혹시 밤에 도로 표지판이나 이정표를 본 적이 있니?

아이　자동차를 타고 가면서 본 적이 있지! 마치 불이라도 들어온 듯 환하잖아. 그렇다면 혹시 그곳에도 네 친구들이……?

　　　그래. 방향을 알려 주는 글자에도 우리 유리 가루 친구들이 모여 있어.

아이　네 친구들이 몇이나 들어 있는데?

　　　놀라지 마! 1제곱미터(가로 1미터×세로 1미터)의 크기에 무려 1억 5천만 개 이상의 작은 유리 가루가 붙어 있어.

아이　와! 이제 너희 덕에 안전하게 집에 갈 수 있겠어. 설명해 줘서 고마워!

가루가 빛을 반사시킨다고요?

물이 얼면 얼음이나 눈이 되지요. 그런데 얼음은 왜 투명하게 보이고, 눈은 하얗게 보일까요? 얼음은 하나의 덩어리인 반면, 눈송이는 미세한 얼음 가루가 모여서 만들어졌기 때문이에요.

우리 눈에는 모든 빛을 흡수하는 것은 검은색으로 보이고, 반대로 어떤 빛도 흡수하지 않고 다 반사하는 것은 하얀색으로 보여요. 또 빨간색을 뺀 모든 빛을 흡수하는 것은 빨간색으로, 노란색을 뺀 모든 빛을 흡수하는 것은 노란색으로 보여요.

그런데 눈송이를 이루는 미세한 얼음 가루들은 각자 표면이 다르게 생겼고, 그 표면마다 다른 각도로 빛을 반사해요. 그래서 빛이 하나도 흡수되지 않고 모두 반사되기 때문에 하얗게 보이는 거랍니다.

빛 반사에는 어떤 종류가 있을까요?

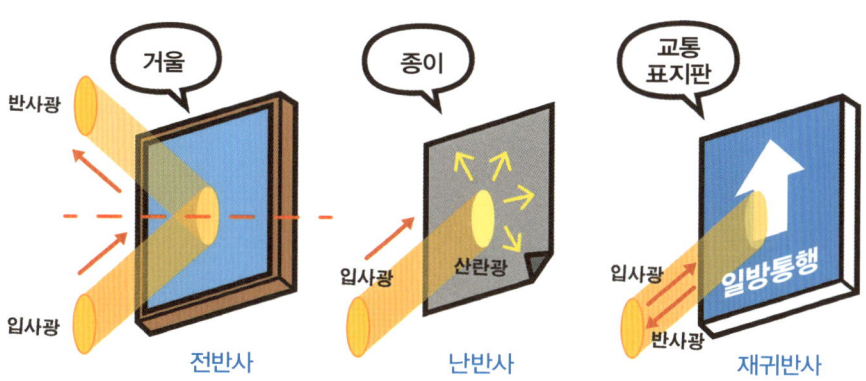

빛 반사는 세 가지로 나눌 수 있어요. 우선 전반사와 난반사를 알아봐요. 바람 한 점 없을 때 호수에 얼굴을 비춰 보면 얼굴이 거울처럼 잘 보이지요. 표면이 거울처럼 매끈할 때 빛을 들어온 방향 그대로 다시 내보내는 걸 전반사라고 해요.

하지만 바람이 불고 물결이 거친 날 호수에 얼굴을 비춰 보면 형체를 알아볼 수 없어요. 그것은 우리 얼굴에서 나온 빛이 울퉁불퉁한 호수 표면을 따라 여러 방향으로 흩어졌기 때문이지요. 이것을 난반사라고 해요. 종이에 얼굴을 비추어 보면 얼굴이 안 보여요. 표면이 거칠어 완전한 난반사가 이뤄진 종이는 어떤 모습도 비출 수 없어요.

이제 재귀반사를 알아봐요. 유리 가루로 된 교통 표지판에 빛을 비추면 어떤 각도에서 빛을 비추든지 빛은 제자리로 되돌아와요. 이것을 '다시 되돌아오는 반사'라는 뜻으로 재귀반사라고 해요.

③ 축제에 쓰이는 가루
폭죽에 들어가는 가루

피핏 슈우우우웅, 파팟 팡팡!

아이 와, 저 노란색 불꽃 좀 봐! 민들레꽃 같아!

헤헤헤! 내가 한 미모 하지! 나는 불꽃놀이에서 노란색 불꽃을 내는 나트륨 가루란다.

아이 나트륨이라면 소금 아니니?

음, 그렇다고 할 수 있지. 소금은 염소와 나트륨의 결합물이야. 그래서 소금을 태우면 노란색 불꽃을 내지.

아이 어? 불은 붉은색 아니야? 불꽃놀이 할 때 터트리는 불꽃은 어떻게 여러 색깔을 내는 거야?

사실 불꽃은 색깔이 여러 개야. 화재가 났을 때는 나무나 화학 제품이 타는 경우가 많기 때문에 붉은색을 내는 거지.

아이 나무와 화학 제품은 전혀 다른 건데 불에 탈 때 왜 똑같이 붉은색을 띠는 거야?

나무나 화학 제품은 탄소로 이루어져 있거든.

아이 그럼 탄소가 산소와 만나 탈 때는 붉은색이 나오는 거니?

꼭 그런 것은 아니야. 가스레인지를 켤 때 보면 푸른색 불꽃이 나오잖아. 우리가 집에서 쓰는 천연가스도 석유나 나무처럼 탄소 화합물이야.

아이 그런데 왜 붉은색이 아니라 푸른색인 거야?

가스와 나무를 동시에 태우면 어떤 것에 불이 더 잘 붙을까?

아이	당연히 가스지.
	맞아! 가스는 기체고 나무는 고체잖아. 불이 붙으려면 산소가 필요한데, 기체는 고체보다 산소와 만나는 면적이 넓지. 그래서 불이 잘 붙는 거야.
아이	그렇다면 탄소가 잘 탈 때의 불꽃색은 원래 푸른색인데, 산소와 만나는 면적이 작아 잘 타지 않으면 붉은색을 띤다는 거야?
	우아! 정말 잘 이해했네. 완전히 잘 타는 것을 완전연소라고 해.
아이	그러면 촛불이 붉은색인 건 완전연소가 되지 않았기 때문이네?
	맞아. 화재 현장에 가면 연기가 많이 나잖아. 산소가 부족해서 나무나 화학 제품들이 완전히 타오르지 않았기 때문이지.
아이	그렇다면 불꽃놀이의 저 불꽃들은 어떻게 저렇게 다양한 색을 낼 수가 있어?
	불꽃놀이 폭죽에 들어가는 재료가 석유나 나무 같은 탄소가 아니기 때문이지. 폭죽에는 불이 잘 붙으면서도 다양한 색깔을 낼 수 있는 물질이 들어가. 붉은색은 스트론튬 가루, 보라색은 칼륨 가루, 파란색은 구리 가루, 녹색은 바륨 가루를 이용한단다.
아이	그런데 그 가루들은 가스도 아닌데 어떻게 저렇게 잘 타지?
	폭죽 통 안에 질산칼륨을 함께 넣거든. 질산칼륨에는 산소가 많이 붙어 있어서 색깔을 내는 다양한 가루에 산소를 나눠 주는 역할을 해. 그래서 가루들이 완전히 탈 수 있어서 저렇게 예쁜 색이 나오는 거야.
아이	와! 이런 사실을 알고 보니 불꽃놀이가 더 환상적이다!

> 가루가 작을수록 잘 타요

아궁이에 불을 붙일 때는 먼저 종이에 불을 붙인 후, 불이 붙은 종이 위에 가는 나뭇가지를 올려요. 그러고서 나뭇가지에 불이 붙으면 굵은 나무를 넣지요. 종이처럼 얇은 것은 성냥 하나로도 불을 붙일 수 있지만 굵은 나무에 불을 붙이기 위해서는 강한 불을 오랫동안 지펴 주어야 해요. 왜 이렇게 불붙는 속도가 다를까요?

물체는 자르면 자를수록 공기와 맞닿는 면적이 넓어져요. 공기와 닿는 표면적이 넓어지면 자연히 산소와 만나는 면적 또한 넓어지지요. 그리고 산소와 만나는 면적이 넓을수록 불이 잘 붙게 됩니다. 이처럼 가루도 작으면 작을수록 불이 잘 붙고 빨리 탄답니다.

폭죽을 어떻게 만들까요?

불꽃놀이에 사용하는 폭죽은 동그란 종이공 모양으로 만들어요. 그 종이공 안쪽 가장자리에 빙 둘러 스타를 넣어요. 스타에 어떤 금속 원소가 사용되었느냐에 따라 불꽃의 색깔이 결정돼요. 스트론튬은 빨간색, 바륨은 녹색, 나트륨은 노란색, 구리는 파란색 등을 만들지요. 종이공의 가운데 부분에는 흑색 화약을 채워 넣어요. 그렇게 만든 종이공 폭죽이 밤하늘에서 터지면 아름답고 환상적인 꽃 모양의 불꽃이 만들어지지요.

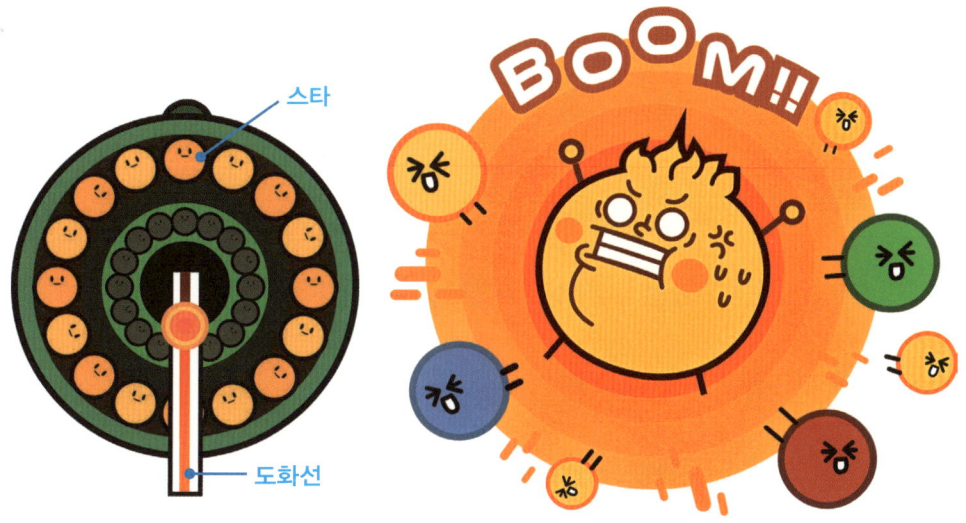

또 하나 빼놓을 수 없는 것은 폭죽 소리예요. 아주 곱게 간 티타늄 가루에 산화제를 섞으면 '팡팡!' 하는 아주 큰 폭발음이 나요. 또 알루미늄을 얇게 만든 조각을 이용하면 '지지직' 소리가 나지요.

④ 빨아들이는 가루
고분자 가루

| | 나야, 고분자 가루! |

	아기 기저귀를 갈아 줘야 해.
아이	아직 울지도 않잖아. 엄마가 동생이 안 울면 괜찮다고 했어. 기저귀에 오줌을 싸면 피부가 짓물러 아파서 울게 된대.
	하지만 네 동생은 벌써 기저귀에 오줌을 잔뜩 쌌는걸! 내 말을 못 믿겠으면 한번 살펴봐.
아이	정말이네? 동생이 차고 있는 기저귀가 빵빵하게 부풀어 올랐어. 그런데 이상해. 오줌을 이렇게나 많이 쌌는데도 엉덩이가 뽀송뽀송해!
	그게 다 내 친구들 덕분이야.
아이	그게 무슨 소리야?
	나와 내 친구들은 물을 빨아들여 부풀어 오르는 고분자 가루거든.
아이	고분자 가루? 휴지와 비슷한 건가 봐.
	아니야. 휴지와는 전혀 달라. 만일 기저귀 대신 동생 엉덩이 밑에 휴지를 깔아 놓았다면 엉덩이가 오줌에 짓무르는 것은 물론 이불도 푹 젖었을걸?
아이	정말?
	휴지는 물을 잘 흡수하지만 조금만 힘을 주어 눌러도 흡수된 물을 다시 뱉어 내지. 하지만 나는 안 그래. 엉덩이로 내리누르는 힘 정도로는 절대 흡수했던 물을 내뱉지 않아!
아이	그래서 아기 오줌을 먹은 기저귀가 이렇게 부풀어 오른 거구나. 그런데 너는 어떻게 물을 그렇게 잘 빨아들이니?
	우리 주변에 어떤 것이 물을 잘 빨아들일까?
아이	그야 물론 스펀지가 잘 빨아들이지.

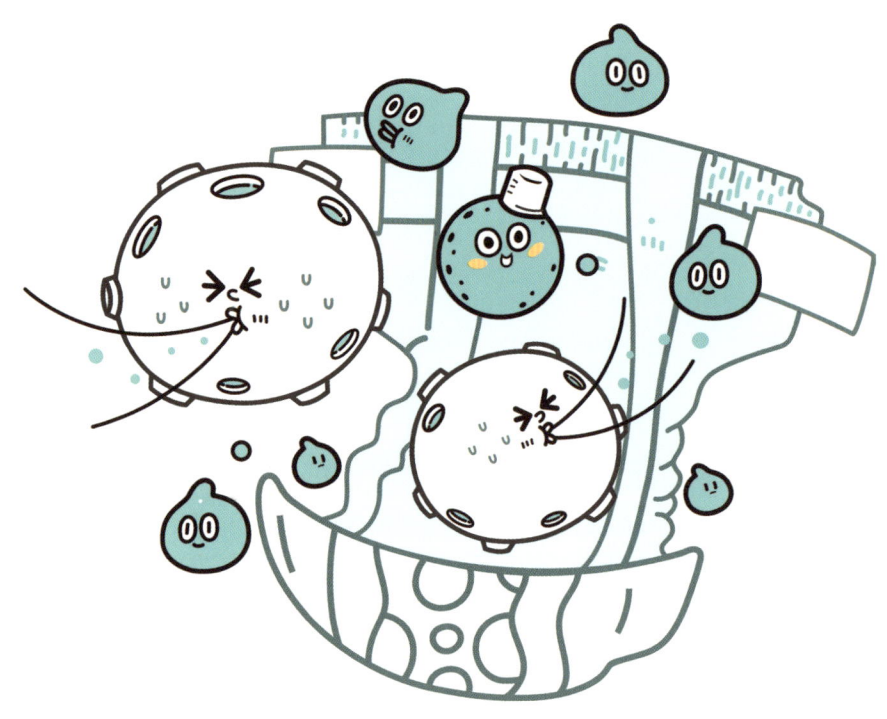

	그러면 스펀지는 어떻게 물을 잘 빨아들이는지 아니?
아이	글쎄……, 스펀지에 있는 구멍 때문인가?
	맞아, 스펀지에 있는 수많은 구멍으로 물을 빨아들이는 거야. 나도 마찬가지야. 전자현미경으로 나를 보면 구멍이 많은 그물 같거든. 나는 내 몸무게의 수백 배나 되는 물을 순식간에 빨아들여 젤리처럼 변하지.
아이	와우! 대단한걸. 그럼 너는 어디서 왔니?
	너 분자가 뭔지 아니?
아이	글쎄, 물 분자가 어쩌고저쩌고하는 말은 들어 봤는데.

물은 분자식으로 H_2O야! 수소 원자 2개(H_2)랑 산소 원자 1개(O)가 결합되어 있다는 말이지. 분자량은 분자를 이루는 원자량의 합으로 나타내는데, 물을 이루는 수소는 원자량이 1, 산소는 원자량이 16이야. 자, 물의 분자량을 계산해 보렴.

아이 1이 2개에 16이 하나니까 16 더하기 2를 하면, 18 아니야?

맞았어. 물은 분자량이 18이야. 그런데 분자량이 무려 1만이 넘는 물질들이 있어. 그걸 고분자라고 해.

아이 고분자 가루들은 엄청 크겠네?

그렇지 않아. 너무 작아서 나를 보려면 전자현미경이 있어야 해.

아이 고분자 가루는 어떻게 만들어?

고무나무에서 나오는 고무도 고분자야. 이렇게 자연에서 바로 얻을 수 있는 고분자를 천연 고분자라고 해. 반면 나는 석유에서 나온 물질들을 결합해서 만들어. 사람의 힘으로 만든 고분자는 인공 고분자라고 하지.

아이 인공 고분자 가루는 기저귀 말고 또 무얼 만드는 데 쓰이니?

고분자의 종류는 수없이 많아. 고분자의 특성 또한 너무 다양해서 각각 특성에 맞게 골라 쓰면 돼. 네가 입은 옷도 고분자로 되어 있고, 과자를 신선하게 보관하는 포장 비닐이며 자동차를 보호하는 범퍼, 신발이나 플라스틱 의자 모두 고분자로 되어 있어. 네 주위에서 고분자를 한 번 찾아보렴!

아이 시계, 텔레비전, 모니터, 스피커, 냉장고, 장판, 벽지, 전등…… 어휴! 고분자가 안 쓰인 곳이 없네.

고분자 가루가 물을 빨아들인다고요?

 고흡수성수지라고도 불리는 고분자 가루는 가루 상태로 납작 엎드려 있다가 물에 닿으면 물을 빨아들이면서 부풀어 올라요. 고흡수성수지는 여성용 생리 용품, 붕대, 살균을 위해 상처 위에 덮는 습포제에도 이용돼요. 그밖에도 폐기물을 굳히는 응고제로도 쓰이고, 물이 적은 사막에서 식물을 키우는 데도 쓰여요. 또한 화장품, 식품용 포장재, 냉·보온용 팩이나 건축 자재로도 두루 쓰이지요.

고분자 가루의 크기는 어떻게 잴까요?

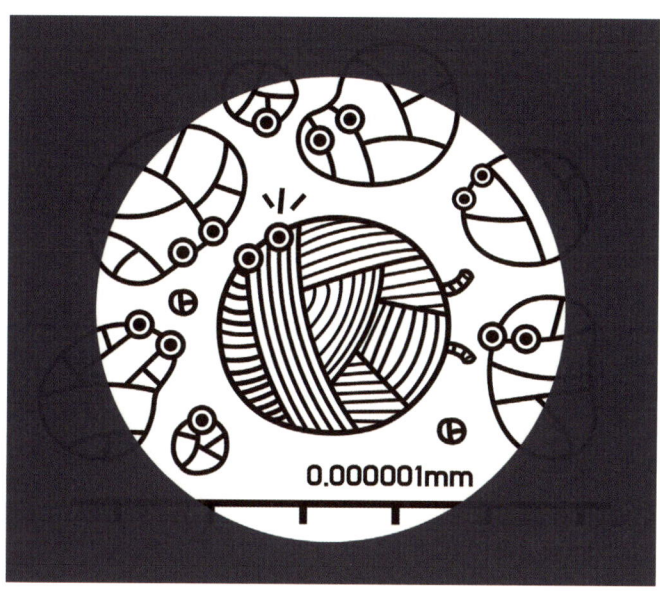

고분자 가루는 이름과는 달리 매우 작아요. 보통 몇십 나노미터(㎚)정도 크기라 눈으로는 볼 수 없어요. 1밀리미터(㎜)는 우리가 흔히 사용하는 자의 가장 작은 눈금이고, 1나노미터는 1밀리미터의 백만 분의 1이에요. 밀리미터로 표시하면 0.000001밀리미터이지요. 따라서 비닐조각 하나에도 지구 인구보다도 많은 고분자가 들어 있음을 알 수 있어요.

고분자는 일자로 길게 늘어서 있지 않고 털실 뭉치처럼 꼬불꼬불하게 타래져 있어요. 고분자 가루는 모양이 정해져 있지 않고 자유롭게 바뀌기 때문에 길이가 아닌 뭉치 크기를 잽답니다.

⑤ 매끄러운 돌가루
활석 가루

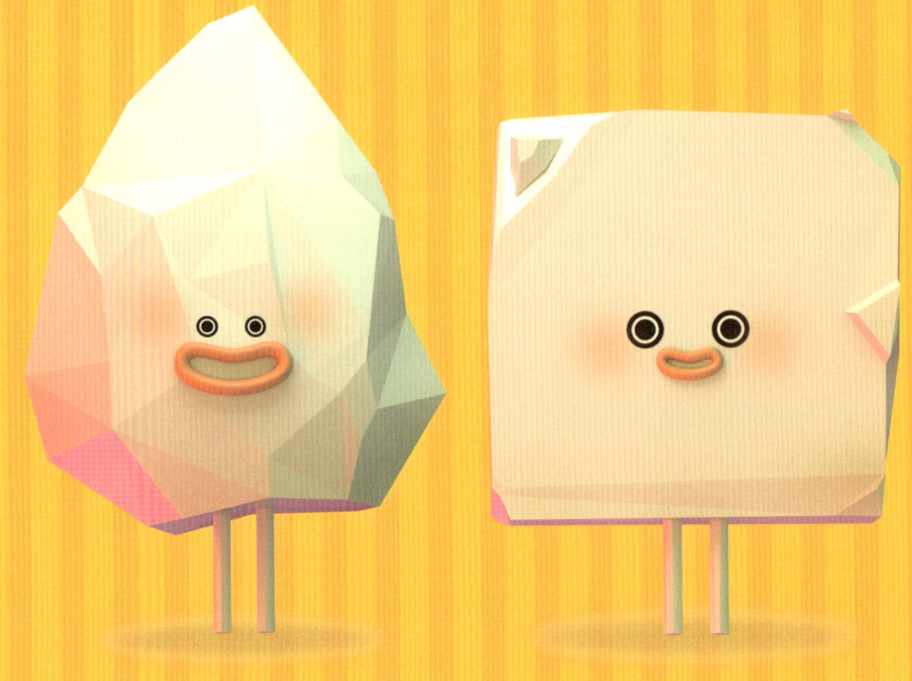

앙앙~

아이 아기가 울어. 오줌 쌌나 봐.

그럼 빨리 기저귀를 갈아야지. 그리고 새 기저귀를 채우기 전에 나를 톡톡톡 아기 엉덩이에 묻혀 줘. 나는 베이비파우더 속에 들어 있는 활석 가루란다.

아이 활석 가루?

땀이나 오줌이 아기 피부에 남아 있으면 세균이 생겨. 그러면 아기 피부에 염증이 생기기 쉽지.

아이 베이비파우더를 바르면 세균이 안 생기니?

물론이지. 물휴지로 오줌을 깨끗하게 닦아 내도 아기 몸에서는 계속해서 땀이 나고, 시간이 지나면 다시 오줌을 싸게 되잖아. 나는 피부에서 나오는 땀이나 기름기를 잘 흡수해서 물휴지로 닦을 때보다 효과가 좋아.

아이 와, 너같이 작은 가루가 그런 역할을 하는구나!

현미경으로 나를 자세히 보면 판처럼 생겼어. 그래서 피부에 닿으면 넓은 부분이 스티커처럼 착 달라붙지.

아이 그래도 넌 화학 약품이잖아. 공장에서 이 약품, 저 약품을 섞어서 만들면 아기 몸에 안 좋을 수도 있다고.

나는 비록 공장에서 만들어졌지만, 나를 만드는 원료는 자연에서 나와.

아이 산이나 강에서 나온다는 말이니?

정확히 말하면 산에 있는 광산에서 나와.

아이 석탄처럼?

| | 응. 석탄을 캐내듯이 땅속에 있는 나를 캐내지. 내가 가루가 되기 전에는 활석, 영어로는 탤크라고 불렸어. |

아이: 그런데 판처럼 생겼으면 약해서 잘 부서질 것 같은데?

맞아! 나는 암석 중에서 제일 약한 축에 들어. 그래서 옛날 사람들은 활석에 조각을 하기도 했어.

아이: 그러고 보니 엄마가 쓰는 화장품도 아기 엉덩이에 바르는 베이비파우더처럼 가루던데, 거기에도 네가 들어가니?

응. 나는 얼굴에 흐르는 땀이나 기름기도 흡수할 수 있어. 그래서 얼굴이 번들거리지 않게 해 주지.

아이: 그런 이유로 화장품에 너를 넣는 거구나.

화장품에 나를 넣는 또 다른 이유가 있어. 화장품에는 나뿐 아니라 다른 여러 가루들이 함께 들어 있거든. 나는 여러 가루들이 고루 섞이게 하고 서로 뭉치지 않게 만들어. 또한 피부에 바르는 연고 속에 나를 넣으면 성분이 고루 섞이게 돼. 어디 그뿐인 줄 아니? 수술용 고무장갑 안쪽에 바르면 피부가 장갑에 달라붙지 않아 손이 잘 미끄러져 들어가.

아이: 넌 참 쓸모가 많구나!

이왕 하는 거 자랑 하나 더 할게. 나는 종이를 만들 때도 쓰인단다. 눈으로 보면 종이가 아주 반들반들해 보이지?

아이: 그 말은, 실제로는 종이가 울퉁불퉁하다는 거야?

맞아! 종이를 아주 크게 확대해서 보면 표면이 매우 울퉁불퉁해. 그런 종이에 인쇄하면 잉크가 잘 찍히지 않아.

아이: 하지만 내가 보는 책들은 아주 깨끗하게 인쇄되어 있던데.

종이의 움푹 들어간 면을 바로 나 활석이 메웠기 때문이지.

아이 　와! 돌가루가 이렇게 쓰임새가 많다니! 이제부터는 돌멩이도 함부로 보면 안 되겠는걸?

가루로 만들면 섞기 쉬워요

 여러 가지 특성을 가진 가루를 적절하게 섞으면 다양한 효과를 내는 화장품을 만들 수 있어요.

 예를 들어 우리가 여름에 많이 쓰는 자외선 차단제에는 이산화티타늄이라는 광물 가루가 들어 있어요. 이산화티타늄은 햇빛을 받으면 여러 방향으로 자외선을 반사시키지요. 운모 가루가 든 화장품을 바르면 얼굴이 뽀얗게 보이고, 반짝반짝 빛나게 할 수 있답니다. 또한 바닷속 퇴적암인 규조토 가루로 얼굴에 바르는 팩을 만들기도 해요. 규조토 팩은 피부를 촉촉하게 해 준답니다.

활석과 석면의 불행한 만남

활석은 광산에서 캐내요. 그런데 광산에는 활석만 따로 떨어져 있지 않고 다른 광석과 함께 섞여 있지요. 활석을 캐낼 때는 대부분 석면이 함께 나오지요. 석면은 폐암을 일으키는 위험한 물질이라서 활석을 사용할 때는 석면을 완전히 분리한 후 사용해야 해요.

미국에서는 아기 엉덩이에 바르는 베이비파우더 속에 든 활석 때문에 암에 걸렸다고 주장한 사람들이 소송에서 이기기도 했어요. 활석을 캐내면서 나온 해로운 석면 성분이 베이비파우더 속에 들어갔기 때문이죠. 순수한 활석은 몸에 해가 없지만 이런 이유로 요즈음은 활석을 아예 넣지 않은 제품들도 만들어지고 있답니다.

⑥ 스마트한 가루
액정 가루

나야, 액정 가루!

아이	이게 뭐지? 모니터에 아주 작은 점이 생겼어. 화면이 바뀌어도 사라지지 않아.
	그 점은 불량 화소야.
아이	넌 누구야? 네가 불량 화소니?
	불량 화소라니! 나는 액정 화면 속에 들어 있는 아주 작은 액정 가루야. 내가 모니터의 원리를 설명해 줄게. 그래야 액정에 대해 이해할 수 있거든. 여기 모니터를 확대해서 보여 줄게.
아이	어? 내 모니터가 수많은 점들로 이루어져 있네! 해상도 1920×1080이라고 쓰여 있는데, 해상도는 또 뭐야?
	해상도는 말 그대로 화소가 몇 개 있는지 나타내는 말이야. 아까 본 불량 화소가 점 하나란다. 그런 점이 가로로 1920개, 세로로 1080개 있다는 뜻이지.
아이	이 작은 모니터에 그렇게나 많은 점이 있다고?
	모니터를 레고 블록이라고 생각해 봐. 한쪽에는 블록이 100개가 있고, 다른 한쪽에는 1000개가 있어. 어떤 걸로 집을 만들었을 때 더 진짜 집처럼 보일까?
아이	그거야 당연히 1000개짜리로 만들었을 때 더 진짜처럼 느껴지겠지.
	해상도를 레고 블록 개수라고 생각해 봐. 모니터의 가로 방향으로 블록이 1920개, 세로 방향으로 1080개가 있는 모니터지.
아이	1920×1080이니까, 모니터 화면을 나타내기 위해서 2,073,600개의 블록이 있어야 된다는 말이야?
	모니터에서는 그 점 하나하나를 픽셀이라고 해. 2,073,600개의 픽셀을 전등이라고 생각해 봐. 그 전등이 켜졌다 꺼지면서 모니

	터에서 사진이나 그림 등을 보여 주는 거야.
아이	전등이 켜졌다 꺼지는 것이라면, 모니터는 밝거나 어두운 색으로만 나타나야 하잖아. 하지만 내 모니터는 온갖 색상을 다 보여 주는걸?
	하하! 자 이제 액정 가루의 놀라운 기능에 대해 이야기해 줄게. 하나의 픽셀에는 빛의 삼원색에 해당하는 빨강, 초록, 파랑의 전구가 들어 있어. 영어로 하면 Red, Green, Blue인데, 머리글자를 따서 RGB라고 해.
아이	아이참! 내 모니터에는 빨강, 초록, 파랑만이 아닌 수많은 색이 모두 다 나타난다니까.
	RGB 세 가지 색의 비율만 잘 조절하면 세상에 있는 모든 색을 표시할 수 있어. 그래서 각각의 픽셀에 있는 세 가지 전구마다 0~255까지 256개의 세기로 색을 표현할 수 있지.
아이	그 말은, 빨강이라도 다 같은 빨강이 아니라는 거야? 빨강이 전혀 없는 0단계부터 255단계의 완전한 빨강까지 다양한 세기로 나타낼 수 있다는 말이지?
	맞아. 초록도 파랑도 색의 진하기에 따라 256단계가 있어. 좀 더 깊이 설명하면, 빨강, 파랑, 초록 세 개 전등의 밝기에 따라 픽셀 하나가 $256 \times 256 \times 256 = 16{,}777{,}216$ 그러니까 천육백만 가지가 넘는 다양한 색을 낼 수 있다는 말이지.
아이	내 모니터에 이런 기술이 숨어 있다니……. 너무 놀라워!
	아직 놀라기에는 일러. 더 놀라운 사실을 알려 줄게. 모니터는 어떻게 빛을 내보내는 줄 아니?
아이	각 픽셀의 전등을 껐다 켰다 하는 거 아니었어?

그렇게 되면 모니터의 구조도 복잡해지고 고장도 많아져.

아이　하긴 우리 집에 그렇게나 많은 전등이 있다면 하루 종일 고장 난 전구만 갈아 끼워도 시간이 모자랄 거야. 어떻게 하면 그 많은 전등을 고장 나지 않게 껐다 켰다 할 수 있을까?

　　　간단해. 픽셀마다 따로 전등을 가지고 있을 필요 없이 백라이트라는 거대한 등 하나만 켜는 거야. 그리고 필요한 만큼 픽셀에 달린 창문을 여는 거지.

아이　음, 그러니까 하나의 픽셀에는 빨강, 파랑, 초록이라는 3개의 창문이 있는데, 3개의 창문을 얼마만큼 여느냐에 따라 새로운 색이 표현된다는 말이네.

　　　그렇지!

아이　하지만 그렇게 하는 것도 보통 기술이 아닌 것 같은데…….

　　　그래서 기술자들은 나를 이용하는 거야! 액정은 '액체'와 '결정'의 줄임말이야. '액체이면서 고체' 혹은 '고체이면서 액체'라고 할 수 있지.

아이　그건 얼음이면서 물이란 말이잖아. 달리 말하면 꽁꽁 언 아이스크림이면서 주스라는 말인데 그런 게 가능해?

　　　얼음을 물이 되게 하려면 무엇이 필요하지?

아이　따뜻한 열이 필요하지.

　　　액정도 마찬가지야. 평소에는 고체의 성질을 갖고 있다가 전류를 흘려주면 액체의 성질을 띠지. 얼음은 열을 가해도 바로 물이 되지 않잖아. 하지만 액정은 전류를 만나면 바로 액체처럼 되고, 전류를 끊으면 바로 고체처럼 돼.

| 아이 | 그런데 그게 모니터에서 색상을 나타내는 것과 무슨 상관이 있는 거야? |

 날 보렴. 긴 타원처럼 생겼지? 나 같은 액정 가루들이 고체 상태가 된다고 생각해 봐. 자기 자리에서 일정한 방향으로 죽 줄을 선 채 움직이지 않지. 그러면 그 사이로 빛이 똑바로 통과해. 반대로 액정 가루들이 액체처럼 움직이면 그 틈새 사이로 빛이 비틀리며 통과해. 이러한 액정의 움직임과 편광판, 빨강·파랑·초록의 창문을 이용해 모니터의 색상을 다양하게 나타낼 수 있는 거야.

| 아이 | 각각의 픽셀에 끊임없이 전압을 다르게 내보내서 액정이 비틀어지는 각도를 조절한다는 거구나. 그러면 통과되는 빛의 양이 조절되고 즉 창문의 여는 정도가 달라지겠고. 와! 정말 놀라워! |

액체이기도 하고 고체이기도 한 액정 가루 이야기

액체 속에 있는 분자들은 자유롭게 움직여요. 그래서 어떤 모양의 그릇에 물을 담아도 그릇 모양에 맞추어지지요. 반면 고체인 나무토막은 모양이 아무리 다른 그릇에 담아도 같은 모양의 나무토막일 뿐이지요.

오스트리아의 한 식물학자가 식물에서 얻은 천연 알코올로 만든 물질을 끓이다가 액체이기도 하고 고체이기도 한 액정을 발견했어요. 투명했던 물질이 섭씨 145.5도에 이르면 불투명해졌다가 178.5도에 이르면 다시 투명해졌어요.

긴 타원처럼 생긴 액정 가루가 고체처럼 한 방향으로 죽 줄을 서면 그 사이로 빛이 통과할 수 있어 투명하게 보여요. 하지만 액정 가루가 액체처럼 제각각의 방향으로 누워 있으면 액정 사이로 빛이 충분히 통과할 수 없어 불투명해지지요.

LCD 모니터의 놀라운 세계

컴퓨터 모니터를 LCD 모니터라고 하지요. LCD는 리퀴드 크리스털 디스플레이(Liquid Crystal Display)의 줄임말이에요. Liquid는 '액체', Crystal은 덩어리, 즉 '결정'이에요. 다시 말해 고체이며 액체인 액정이라는 뜻이에요.

앞에서 모니터의 픽셀 하나가 16,777,216가지 색깔을 표시한다고 했지요? 그렇다면 하나의 픽셀당 빨간색 255개, 파란색 255개, 초록색 255개의 스위치가 있어야 하지요. 만일 이러한 스위치를 켜고 끄려면 엄청난 에너지가 들 테고, 색깔이 변할 때마다 속도도 상당히 느려지겠지요.

하지만 액정을 이용하면 전압의 조절만으로도 아주 빠르게 색깔을 변화시킬 수 있어요. 물론 에너지가 적게 드니 열도 적게 나고, 전기도 조금만 사용하겠지요. 예전에 브라운관 텔레비전은 1시간만 켜 놔도 텔레비전이 뜨거워졌어요. 하지만 액정 기술을 이용해 만든 LCD 텔레비전은 한참을 켜 놓아도 조금밖에 열이 나질 않아요.

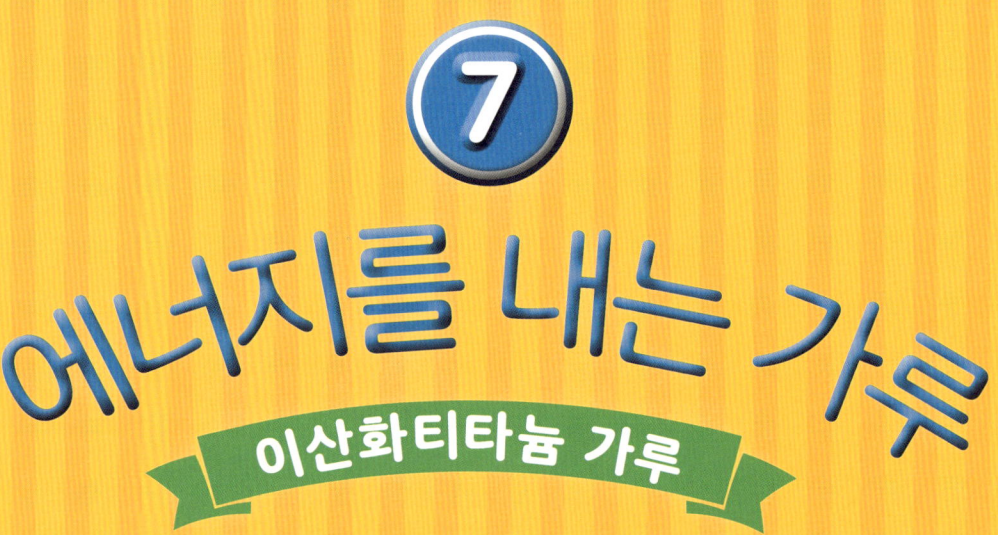

⑦ 에너지를 내는 가루
이산화티타늄 가루

나야, 이산화티타늄 가루!

아이 태양 전지 선풍기 모자? 누가 이런 생각을 해냈을까?

   누가 만들었는지 몰라도 아이디어가 놀랍다! 어때? 시원해?

아이 응. 다른 사람들은 더워서 부채질하느라 정신없는데, 나는 모자만 쓰면 선풍기 바람이 솔솔솔~. 그런데 넌 누구니?

   나는 이산화티타늄 가루야. 티타늄이 산소와 반응해 생긴 화합물인데, 네 모자에 달려 있는 태양 전지를 만드는 데 큰 공을 세웠지. 태양 전지에 대해 모르는 게 있으면 뭐든지 물어봐.

아이 와! 그렇구나. 이 모자에 달린 선풍기는 정말로 건전지나 충전지가 필요 없니?

   그래, 전혀 필요하지 않아.

아이 그래도 이렇게 선풍기를 돌리려면 전기가 필요하지 않겠어?

   물론 전기가 필요하지. 하지만 전기를 만드는 데 필요한 것은 단 하나! 태양뿐이야.

아이 태양이라고? 그러고 보니 학교에서 태양 에너지에는 두 종류가 있다고 배웠어. 세상을 밝혀 주는 햇빛과 따뜻하게 만들어 주는 햇볕. 이 선풍기 모자에 달린 태양 전지는 둘 중 어느 거야?

   그건 햇빛 발전이야.

아이 그렇다면 겨울에도 햇빛만 있으면 발전할 수 있는 거네?

   그래. 예전에는 태양열을 이용한 햇볕 발전이 있었어. 지금도 시골에 가면 태양열판 옆에 물통이 달려 있는 집이 있어. 태양열판에 모인 열로 물을 데우는 거야. 그 물이 보일러 관을 돌면서 난방도 하고 온수도 쓸 수 있도록 만들었어. 하지만 태양열 발전을 이용하면 추운 겨울에는 태양 에너지를 거의 쓸 수 없게 되지.

|그래서 요즈음은 햇빛으로 전기를 만들어.

아이 그렇구나. 그런데 네가 태양 전지에서 하는 일은 뭐야?

햇빛을 모아야 전기를 만들 수 있잖아. 하지만 대부분의 햇빛은 태양 전지에 부딪치자마자 반사되어 허공으로 날아가 버려. 나는 햇빛이 반사되지 않게 잡아 주는 역할을 해.

아이 추운 겨울에도 네가 들어간 태양 전지를 사용하면 전기를 만들어 낼 수 있겠네. 그러면 석탄과 천연가스, 혹은 원자력을 이용하지 않고도 전기를 만들 수 있겠고!

그렇게 되면 미세먼지도 줄어들 테고!

아이 미세먼지는 자동차의 매연가스에서도 나오잖아. 자동차도 태양 전지를 이용해서 움직일 수는 없을까?

햇빛만으로는 무거운 자동차를 빠르게 움직일 수가 없어.

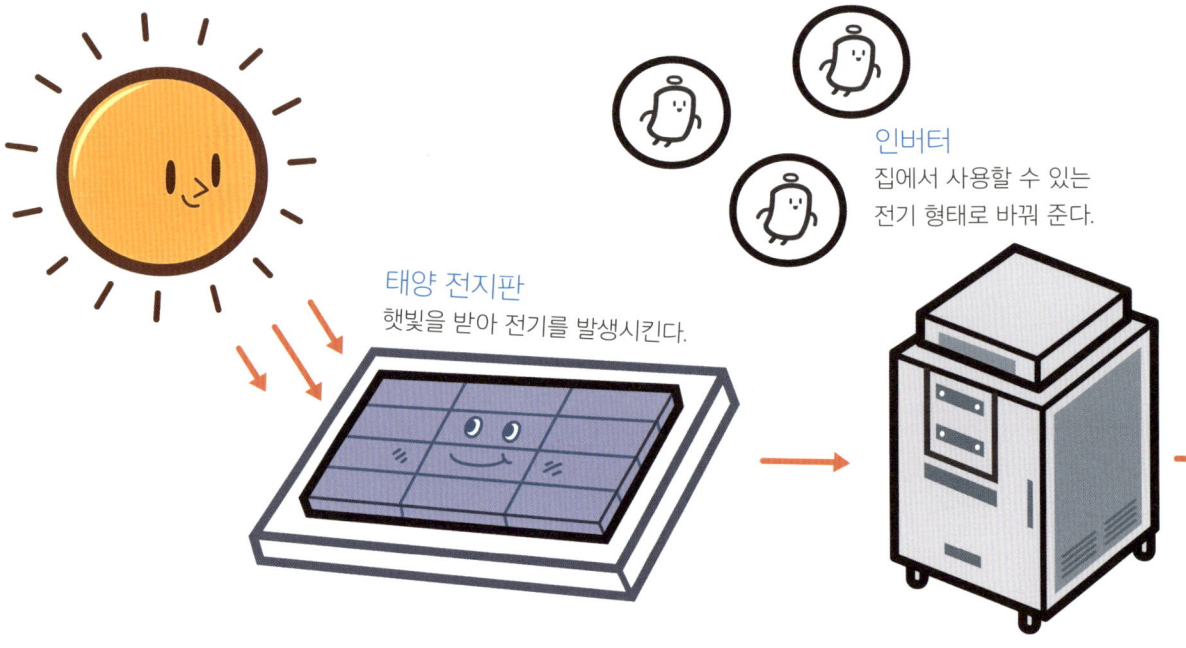

태양 전지판
햇빛을 받아 전기를 발생시킨다.

인버터
집에서 사용할 수 있는 전기 형태로 바꿔 준다.

아이	그럼 어떤 연료를 써야 미세먼지도 안 나오고 빠르게 달릴 수 있어?
	너 혹시 수소 자동차라고 들어 봤니?
아이	들어 보긴 했는데…….
	수소와 산소를 결합시켜 만들어 낸 전기로 자동차를 움직이는 거야. 전기 자동차는 전기를 충전하지만, 수소 자동차는 전기 대신 수소를 충전하면 돼.
아이	수소 자동차에서 너는 무슨 일을 하니?
	내가 있으면 태양 전지가 더 많은 빛을 받아들인다고 했잖아. 마찬가지로 내가 있으면 같은 양의 수소로도 더 많은 전기를 만들어 낼 수 있어.
아이	와, 대단하구나! 너를 잘 이용한다면 황사 마스크도 필요 없겠는걸?

전기 사용

가루를 구워서 금속을 만든다고요?

열을 견뎌 다시 태어나리라!

　태양 전지의 전극(+, -극)은 이산화티타늄 가루를 높은 온도에서 구워 만들기도 해요. 이산화티타늄 가루를 높은 온도에서 구우면 작은 구멍들이 아주 많이 생겨요. 이렇게 만들어진 금속을 구멍이 많다는 뜻으로 다공질 금속이라 하지요.

　구멍이 많은 금속은 같은 크기의 금속 덩어리에 비해 가벼울 뿐 아니라 에너지 흡수 능력이 뛰어나고, 액체나 공기 등이 비교적 자유롭게 통과하게 되지요. 다공질 금속은 반도체, 에너지, 자동차 분야에서 널리 활용되고 있어요.

> 티타늄은 어디에 사용될까요?

 순수 티타늄이나 티타늄 합금은 가볍고 단단하면서도 사람 몸에 해를 끼치지 않기 때문에 많이 이용되고 있어요. 자동차나 비행기, 배를 만드는 데 사용될 뿐 아니라, 그릇과 같은 생활용품, 반지나 목걸이 같은 장신구에도 쓰이지요. 요즈음은 인공 이빨인 임플란트나 인공 관절, 심장박동 조절기와 같은 의료 용품을 만드는 데도 쓰이고 있어요.

 또한 페인트, 화장품, 치약, 알약, 소스 등에 색깔을 내는 염료로 쓰이며, 자외선을 흡수하는 자외선 차단제의 성분으로 쓰이기도 합니다. 불꽃놀이 때 펑펑 터지는 소리 효과를 낼 때도 티타늄 가루가 쓰인다고 하니 정말 안 쓰이는 곳이 없지요?

8 사막에서 날아온 가루
황사

　　　잠깐! 밖에 나가기 전에 마스크를 써야지!

아이　감기도 안 걸렸는데 마스크는 왜?

　　　감기 때문이 아니고 황사 때문에 마스크를 써야 해. 밖에 나가면 누런 모래들이 공기 중에 잔뜩 있거든.

아이　황사를 마시면 몸에 해로워?

　　　응. 나는 멀리 타클라마칸 사막에서부터 날아왔어.

아이　타클라마칸 사막이 어디 있는데?

　　　에베레스트 산이 있는 히말라야 산맥 알아?

아이　응, 알아. 학교에서 배웠어. 인도와 중국 사이에 있는 세계에서 가장 높은 산맥 말이지?

　　　타클라마칸 사막은 히말라야 산맥 북쪽 너머에 있어.

아이　그런데 그곳에 왜 사막이 생긴 거야? 사막은 아프리카에만 있는 것 아냐?

　　　타클라마칸 사막 주위에는 사방으로 거대한 산맥이 가로막고 있어. 북쪽으로는 톈산 산맥, 남쪽으로는 쿤룬 산맥이 둘러싸고 있지. 물기를 품은 무거운 구름들은 높은 산맥을 넘질 못해. 비를 뿌려 가벼워져야 산을 넘을 수 있지. 그래서 산맥을 넘어간 공기는 물기가 없는 뜨거운 공기뿐이야. 더구나 안쪽에 있던 뜨거운 공기 역시 산맥에 막혀서 밖으로 쉽게 빠져나갈 수가 없어. 이렇듯 물기는 없고 열기는 못 빠져나가서 사막이 된 거야.

아이　그곳에서는 사람이 살기 힘들겠구나.

　당연하지! 더구나 타클라마칸 사막은 크기가 한국의 세 배가 넘어. 한 번 타클라마칸 사막에 들어간 사람은 살아서 나올 수 없

었대. '타클라마칸'은 그 주위에 살고 있는 위구르족 언어로 '들어가면 나올 수 없다'는 뜻이래.

아이　사막 이름이 무시무시하네. 그런데 넌 어떻게 거기서 빠져나온 거야?

공기는 따뜻할수록 가벼워져. 뜨거운 모랫바닥에서 달궈진 공기는 하늘로 올라가지. 이것을 상승기류라고 해. 그때 작은 모래 먼지들도 상승기류를 타고 하늘로 올라가. 그 모래 먼지들이 중국에서 한국 쪽으로 부는 바람을 타고 날아오는 거야. 그 바람이 편서풍인데, 일 년 내내 분단다.

아이　이상하다……. 일 년 내내 편서풍이 분다면 황사도 일 년 내내 있어야 하잖아. 하지만 황사는 봄철에만 심하게 날리던데…….

그 이유는 이거야. 큰 모래는 아무리 상승기류가 불어도 무게가 무거워 하늘로 올라갈 수가 없어. 황사가 바람에 날리려면 우선 모래가 아주 작게 부서져야 하지. 타클라마칸 사막의 겨울은 영하 20도까지 내려갈 정도로 매우 추워. 추운 겨울이 지나고 나면 얼었던 땅이 녹으면서 모래가 아주 잘게 부서져. 그래서 봄철에 황사가 심한 거야.

아이　난 사막에는 뜨거운 여름만 있는 줄 알았는데 겨울도 있구나.

타클라마칸 사막은 거대한 아시아 대륙의 가운데쯤에 위치하고 있어서 겨울에는 무지 춥고 여름에는 무지 덥단다. 건조한 봄이 되면 겨울 동안 잘게 부서진 모래 먼지들이 상승기류를 타고 하늘로 올라가. 이어서 편서풍을 타고 한국으로 불어오지. 봄에는 잘게 부서진 모래 양이 늘어나니까 한국으로 불어오는 황사도 눈에 띄게 많아지는 거야.

아이	그런데 요즈음 뉴스를 보면 황사보다 미세먼지에 대해 자주 나오던데, 미세먼지도 타클라마칸 사막에서 날아오는 거야?
	아니, 미세먼지는 중국에 있는 공장에서 주로 나와. 미세먼지들이 상승기류를 타고 상승한 다음 황사와 함께 편서풍을 타고 오는 거야.
아이	그런데 공장은 사계절 쉬지 않고 돌아갈 텐데 왜 미세먼지는 봄철에만 황사와 함께 오는 거야?
	한국에 부는 바람은 편서풍만 있는 게 아니야. 겨울에는 북서풍이 불고, 여름에는 남쪽에서 태풍이 불어오잖아. 북서풍이나 남쪽에서 불어오는 바람은 편서풍보다 더 힘이 세. 그래서 편서풍을 타고 날아오는 미세먼지를 우리나라가 아닌 다른 방향으로 날려 보내는 거야.
아이	작은 먼지 하나에도 이렇게 많은 사연이 숨어 있다니 놀라운걸! 앞으로는 꼭 마스크를 쓰고 나갈게. 고마워!

황사와 함께 날아다니는 꽃가루

봄이 되면 황사뿐만 아니라 꽃가루도 바람에 날려요. 꽃가루가 꽃과 만나면 새로운 씨앗이 만들어져요. 꽃은 어떻게 꽃가루를 만날 수 있을까요?

꽃들이 꽃가루를 만나는 방법은 여러 가지가 있어요.

어떤 꽃들은 벌과 나비의 몸에 붙은 꽃가루와 만나기도 하고, 또 어떤 꽃들은 바람을 타고 날아온 꽃가루와 만나기도 하지요.

소나무나 삼나무의 꽃가루들은 봄에 바람을 타고 날아다녀요. 이 꽃가루들은 눈에 보이지 않을 만큼 작아요. 그래서 주변에 나무가 없더라도 공기 중에 떠 있는 꽃가루 때문에 비염, 재채기, 콧물, 눈의 충혈, 피부 발진 등의 증상이 나타나기도 하지요.

⑨ 걸러져야 하는 가루
미세먼지

나야, 미세먼지!

	어디 아프니?
아이	목이 너무 아파서 병원에 다녀오는 길이야.
	감기에 걸렸니?
아이	감기도 아닌데 목이 너무 아파. 병원에 갔더니 나처럼 감기도 아닌데 목이 아픈 사람이 많더라고.
	나 때문일 거야. 난 미세먼지야. 공기 중에 섞여 있지.
아이	미세먼지와 기침이 무슨 관계야?
	청소할 때 책상에 있는 먼지를 무엇으로 닦니?
아이	그야 걸레로 닦지.
	왜 걸레로 닦을까?
아이	그건 잘 모르겠는데…….
	걸레에 물이 묻어 있어서란다.
아이	물이 뭐 자석이라도 돼?
	자석은 아니지만 물은 먼지를 잡아당겨. 그래서 책상을 닦을 때 물걸레를 쓰는 거야. 우리 코와 입에도 물기가 있어. 코에는 콧물, 입에는 침이 있지. 그래서 몸속으로 들어가는 먼지들을 자석처럼 잡아채는 거야! 그렇게 해서 사람들은 콧물이나 침에 붙은 몸에 안 좋은 먼지들을 뱉어 내는 거지.
아이	그렇다면 먼지가 많을수록 콧물과 침도 많아지겠네?
	맞아! 코와 입뿐 아니라 위와 폐로 넘어가는 식도와 기도에도 물기가 있어.
아이	먼지를 막기 위해 우리 몸에는 여러 단계의 방어막이 있구나!
	그렇지! 한데 기도나 식도에 먼지가 많이 들어가면 어떻게 될까?

아이   먼지가 가득한 물기를 빼내기 위해 기침을 하지 않을까?

딩동댕! 그런데 문제는 미세먼지야. 미세먼지는 하도 작아서 기침을 해도 잘 떨어져 나오지 않아. 게다가 미세먼지 안에는 공장에서 나오는 매연, 자동차에서 나오는 배기가스 등 몸에 해로운 물질이 잔뜩 들어 있어. 만일 네가 병균이 많은 더러운 곳에 있다고 생각해 봐. 네 몸은 어떻게 될까?

아이   아프거나 병에 걸리겠지.

미세먼지는 코나 기관지, 폐 같은 호흡기관과 눈이나 피부 등에 달라붙어 염증을 일으켜.

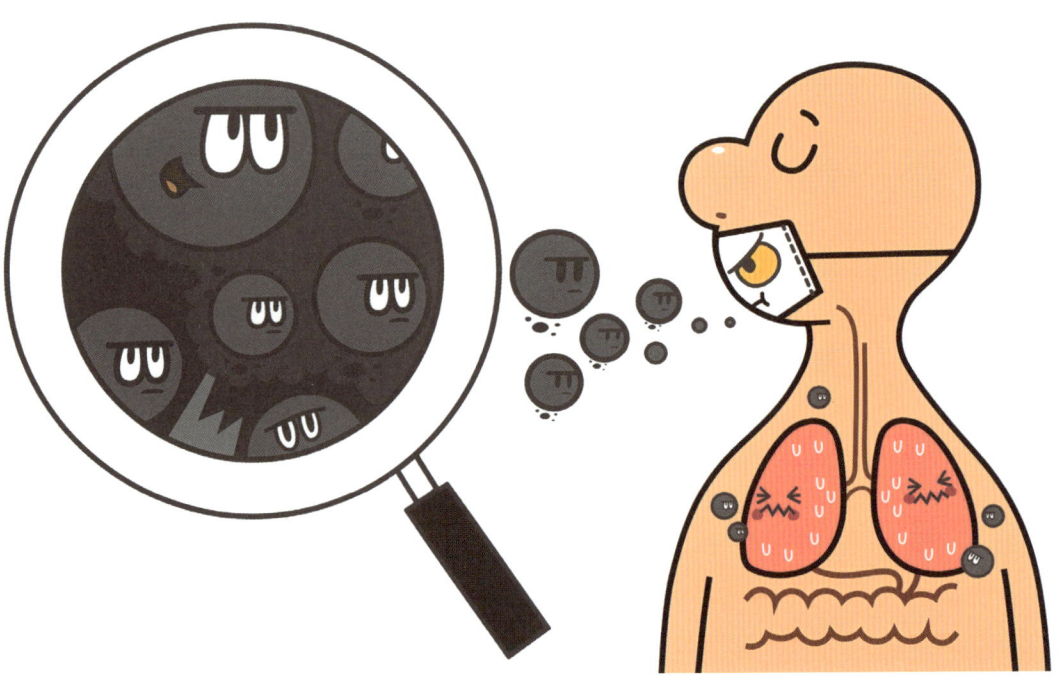

아이	맞아. 의사 선생님께서 나를 진찰하더니 목과 코에 염증이 생겼다고 했어. 미세먼지야, 나 궁금한 게 하나 더 있어.
	뭐든지 물어봐.
아이	미세먼지는 왜 봄철에 더 심하게 날리는 거야? 봄철이라고 자동차를 더 타는 것도 아니고, 석탄화력발전소에서 석탄을 더 때는 것도 아니잖아.
	우리나라에는 계절별로 부는 바람이 달라서 그래. 겨울에는 북서풍이 불고, 봄철에는 편서풍이 불고, 여름에는 태풍과 함께 남쪽에서 바람이 불어오지.
아이	그건 나도 알아. 황사가 이야기해 줬거든.
	거기에 더해 우리나라에 있는 화력발전소들은 연료를 실어 오기 편하도록 항구가 많은 서해안에 모여 있어. 화력발전소에서 나오는 미세먼지가 봄이 되면 어떻게 될까?
아이	편서풍을 타고 수도권으로 불어오겠구나!
	그뿐이 아니야. 서울의 서쪽에 있는 중국 북경의 미세먼지는 봄철이 되면 어떻게 될까?
아이	역시 편서풍을 타고 우리나라로 불어오겠구나.
	맞아! 그래서 봄철이 되면 우리나라가 미세먼지로 가득한 거야.
아이	어쩔 수 없이 봄에는 미세먼지를 걸러 낼 수 있는 미세먼지 전용 마스크를 꼭 써야겠구나.
	안타깝지만 그래야 병원에 가지 않고 건강을 지킬 수 있지.

크기가 작으면 걸러 내기 어려워요

으~ 더 이상 통과 못 하겠군!

큰 가루보다 작은 가루가 손에 잘 들러붙지요. 따라서 미세먼지 같은 것이 코점막이나 호흡기에 붙으면 아무리 기침을 해도 잘 떨어져 나오지 않아요. 몸에 해로운 물질이 붙으면 염증이 생길 수도 있어요.

폐에 생긴 염증은 호흡기 질환을 일으키고, 미세먼지가 혈관으로 들어가 온몸을 돌면서 심장이나 혈관에 염증을 일으킬 수 있어요. 또한 미세먼지에 붙어 있는 발암 물질 때문에 암에 걸릴 위험도 높아지지요.

따라서 미세먼지와 같은 안 좋은 물질이 나오는 공장이나 자동차의 배출구에는 아무리 작은 가루라도 걸러 낼 수 있는 필터를 달아야 해요. 하지만 전부 다 걸러 내기는 힘들다고 해요. 그래서 그 가루들이 우리 몸에 들어오지 못하도록 미세먼지 마스크를 써서 다시 한 번 걸러 내야 하지요.

미세먼지의 크기를 어떻게 표시할까요?

미세먼지는 크기가 매우 작아요. 보통 미세먼지라고 하면 지름이 10마이크로미터(1㎛=1000분의 1㎜) 이하의 먼지를 말해요.

미세먼지는 크기에 따라 미세먼지, 초미세먼지, 극초미세먼지로 나눌 수 있어요.

미세먼지를 막기 위해서는 미세먼지가 들어오지 못하도록 미세먼지의 크기보다 작은 촘촘한 마스크가 필요해요. 겨울철에 감기가 걸렸을 때 쓰는 천으로 된 마스크로는 미세먼지를 막을 수 없어요. 미세먼지를 막기 위해서는 꼭 미세먼지 전용 마스크를 써야 해요.

< 미세먼지의 크기 >

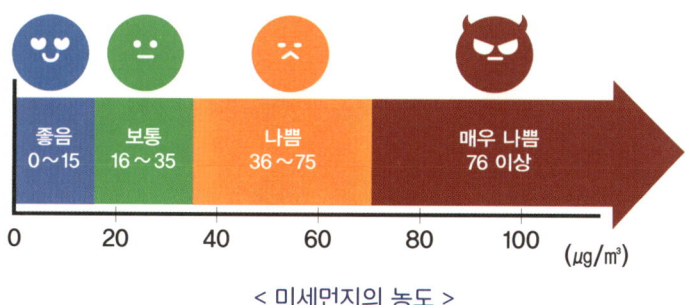

< 미세먼지의 농도 >

⑩ 치료하는 가루
가루약과 마이크로캡슐

아이	먹기 싫어!
	이마가 불덩이잖아. 얼른 나아서 친구들하고 뛰어놀아야지.
아이	알약이 너무 커서 못 삼키겠어.
	그럼 가루로 변신할까? 드륵드륵, 바작바작. 짠~! 자, 이제 가루약이 됐어. 가루니까 목구멍에 덩어리가 걸릴 일은 없어. 하지만 맛은 더 쓸 거야.
아이	똑같은 약인데 왜 알약보다 가루약이 더 쓴 거야?
	무엇이 맛을 느끼게 할까?
아이	혓바닥으로 맛을 느끼잖아.
	맞아! 혓바닥에 오래 머물러 있을수록 맛을 더 잘 느끼게 돼. 그런데 알약을 먹을 때는 혓바닥에 닿자마자 물과 함께 목구멍으로 넘겨 버리지. 반면 가루약은 가루 알갱이 하나하나가 축축한 혓바닥에 넓게 퍼져 찰싹 달라붙거든. 그러면 혓바닥은 약의 쓴맛을 온전히 느낄 수밖에 없어. 마치 아주 쓴 사탕을 빨아 먹는 것처럼 말이지.
아이	안 쓴 가루약을 만들 수는 없을까? 그러면 먹기 좋을 텐데…….
	물론 만들 수 있지. 가루 하나하나에 단맛이 나는 시럽을 입혀 약을 만들기도 해. 그리고 너처럼 쓴 약을 싫어하는 사람들을 위해 캡슐에 가루약을 넣기도 하지. 물론 캡슐은 혀에 닿아도 아무 맛이 안 나.
아이	하지만 캡슐 역시 덩어리잖아. 왜 일부러 알약을 갈아서 가루로 만든 다음 캡슐에 넣어서 다시 덩어리 모양으로 만드는 거야?
	가령 네가 통닭을 먹을 때 몸이 어떻게 통닭에 있는 영양분을

빨아들이는지 아니?

아이 닭다리를 통째로 삼킬 수 없으니까 이빨로 씹어서 잘게 부수잖아.

그래. 입에서 부서진 통닭은 위에서 한 번 더 부서지고, 소장에서 또 한 번 부서져 가루가 되지. 그렇게 가루가 되어서야 비로소 몸에 흡수될 수 있어. 약도 마찬가지로 작게 부서져야 몸에 흡수된단다.

아이 그렇다면 알약보다 가루약이 더 빨리 몸에 흡수되겠구나. 그러면 약효가 금방 나타나서 열도 빨리 내릴 거고.

그렇지! 그래서 캡슐 안에 가루약을 넣어서 쓴맛을 느끼지 못하게 하면서도 몸에 흡수가 잘 되게 만든 거지. 그리고 캡슐은 가루약이 몸에 한꺼번에 흡수되지 않도록 하기 위해 서서히 녹기

캡슐이라
아무 맛도 안 나네.

가루약이
혓바닥에 찰싹 붙어서
너무 써!

도 해. 독한 약을 캡슐에 넣어 복용하면 위를 보호하는 효과도 있어. 또한 위에서 녹지 않고 소장이나 대장에 가서 녹도록 만든 캡슐도 있단다.

아이 와, 캡슐을 만든 이유에는 여러 가지가 있구나. 정말 놀라워! 그런데 캡슐을 좀 작게 만들면 좋겠어. 그러면 삼키기도 쉬울 텐데……

요즈음은 아주 작은 캡슐도 만들어. 하도 작아서 마이크로캡슐이라고 부르지.

아이 알약의 반 정도 크기야?

그 정도로는 상대도 안 돼! 캡슐이 너무 작아서 눈에 보이지도 않거든.

아이 눈에도 안 보이는데 어떻게 먹어?

먹는 게 아니고, 주사액에 캡슐을 넣어서 혈관에 직접 주사하는 거야. 주사액에 들어 있는 캡슐은 병든 부위에 도착할 때까지 녹지 않지.

아이 우아, 정말 놀라운걸! 그렇지만 주사를 맞아야 한다니 좀 겁난다. 난 냄새만 맡아도 병이 낫는 약을 개발해야겠어!

훌륭한 과학자가 되려면 일단 가루약을 먹고 건강부터 찾자고. 자, 아~.

가루는 얼마나 작을까요?

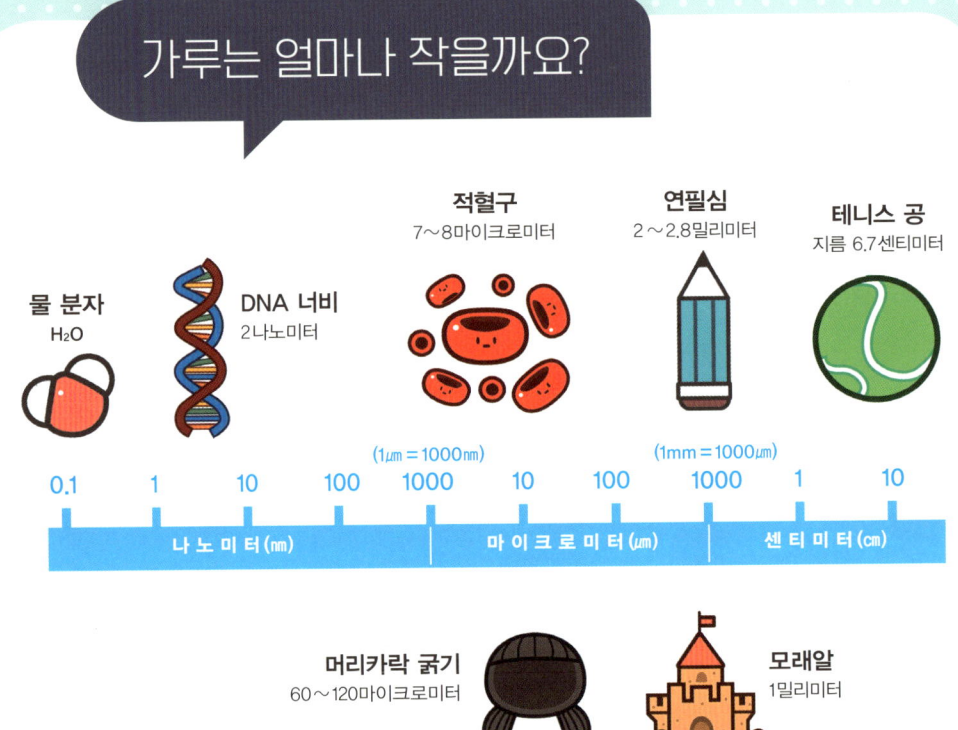

　가루에도 큰 가루와 작은 가루가 있어요. 해변에 있는 모래는 약 1밀리미터, 머리카락의 두께는 약 60~120마이크로미터, 먼지는 약 10~20마이크로미터 크기예요. 더 작은 박테리아는 1마이크로미터, 바이러스는 0.1마이크로미터 정도 되지요.

　그렇다면 1마이크로미터는 얼마나 짧은 길이일까요? 눈금자에서 가장 작은 1밀리미터를 1000개로 나누었을 때, 그 1000개 중 하나의 길이가 '1마이크로미터'예요. 우리가 잘 사용하는 볼펜이나 샤프심의 두께가 0.5밀리미터니까, 마이크로미터로 환산하면 500마이크로미터인 셈이지요.

소화돼서 우리 몸에 흡수될 수 있는 가루의 크기는?

우리 입안에 들어온 음식은 이빨에 꼭꼭 씹혀서 잘게 부서져요. 그리고 위와 소장에서 위액, 쓸개즙, 이자액, 장액 등에 의해 더 잘게 부서진 다음, 잘게 부서진 영양소는 소장에서 흡수돼요.

그러면 도대체 음식이 얼마만큼 작게 부서져야 우리 몸에 흡수될까요? 탄수화물은 가장 작은 형태인 포도당이 될 때까지 부서져야 해요. 이와 같이 단백질은 아미노산으로, 지방은 지방산과 글리세롤로 되어야 몸에 흡수될 수 있지요. 이 영양소들은 너무 작아서 전자현미경으로나 볼 수 있답니다.

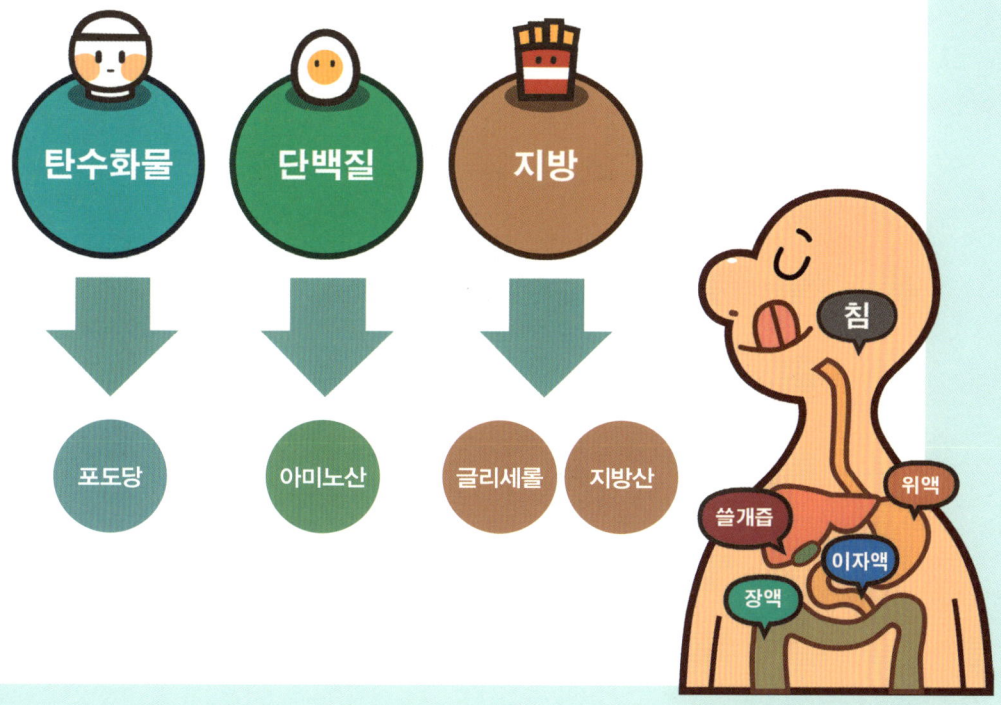

⑪ 병들게 하는 가루
석면 가루

나야, 석면 가루!

우두두두!! 탕탕탕탕!!

아이	저 아저씨들은 덥지도 않은가 봐. 우주복 같은 옷을 입고 지붕을 뜯어내고 있잖아. 재미있어 보이는데 나도 한번 해 보고 싶다!
♦♦♦	뭐라고?
아이	저기 봐! 또 다른 아저씨들은 뜯어낸 지붕을 커다란 봉투에 담고 있어.
♦♦♦	얘, 여기서 구경하면 위험해! 바람이 이리로 불어오잖아!
아이	이렇게 멀찍이 떨어져서 구경하는데 뭐가 위험하니? 바람도 시원하기만 한걸?
♦♦♦	하마터면 내가 너의 폐 속으로 빨려 들어갈 뻔했잖아. 자, 방진 마스크부터 쓰고 말하자. 나는 평범한 먼지가 아니고, 석면 가루라고. 나를 많이 들이마시면 큰 병에 걸릴 수도 있어.
아이	정말? 그런데 사람들이 왜 그렇게 위험한 가루로 지붕을 만든 거야?
♦♦♦	예전에는 석면이 위험하지 않다고 생각했어. 열과 추위에도 잘 견디고, 불에 타거나 쉽게 부서지지도 않고, 전기도 안 통해. 그러니 사람들은 나를 이용해서 지붕도 만들고, 천장도 만들고, 단열재로도 썼어.
아이	그렇구나. 그런데 네가 사람 몸에 안 좋다는 것을 어떻게 안 거야?
♦♦♦	석면 광산에서 일하거나, 석면으로 건물을 짓던 사람들이 병에 걸리기 시작했거든. 처음에는 별 증상이 없어서 몸에 나쁜 줄도 몰랐지. 그래서 집을 짓고 부술 때마다 공중에 날리는 석면 가루를 계속해서 들이마셨던 거야. 그렇게 10년, 20년이 지났고, 나

와 관련된 일을 하는 사람들이 하나둘 병에 걸렸지. 그러자 세계보건기구(WHO)에서는 석면 가루를 '암을 일으키는 위험한 물질'로 지정했어. 우리나라에서도 2009년부터 건물을 지을 때 석면을 사용하지 못하도록 했지.

아이   그러고 보니 너는 뾰족한 창처럼 생겼구나. 네가 폐 속에 들어가면 정말 따갑겠다.

응. 나는 이쑤시개처럼 뾰족하게 생겨서 폐에 박히면 상처가 나지. 그렇게 계속 상처가 나면 폐가 점점 딱딱하게 굳어 숨 쉬기가 어려워져.

아이   그래서 아저씨들이 이렇게 더운 날에도 우주복 같은 옷을 입고 일하는구나.

맞아! 뜯어낸 석면은 석면 전용 폐기물 봉투에 넣어 버려야 해.

아이   넌 그렇게 나빠 보이진 않는데……. 고맙게도 내게 마스크를 쓰라고 알려 주었잖아. 그건 그렇고 너는 어디서 태어났어? 사람들이 공장에서 만든 거야?

나는 화산에서 태어난 돌이 오랜 시간 땅속에서 열과 압력을 받아 만들어졌어. 그러니 내 고향은 공장이 아니라 땅속 석면 광산이야. 다시 말해 나는 돌이야.

아이   건물에서 뜯어낸 석면 자재를 보면 보들보들 부드러운 옷감 같은데 사실 돌이었구나!

< 석면이 들어 있는 건축 자재 >

가루의 모양과 크기는 제각각이에요

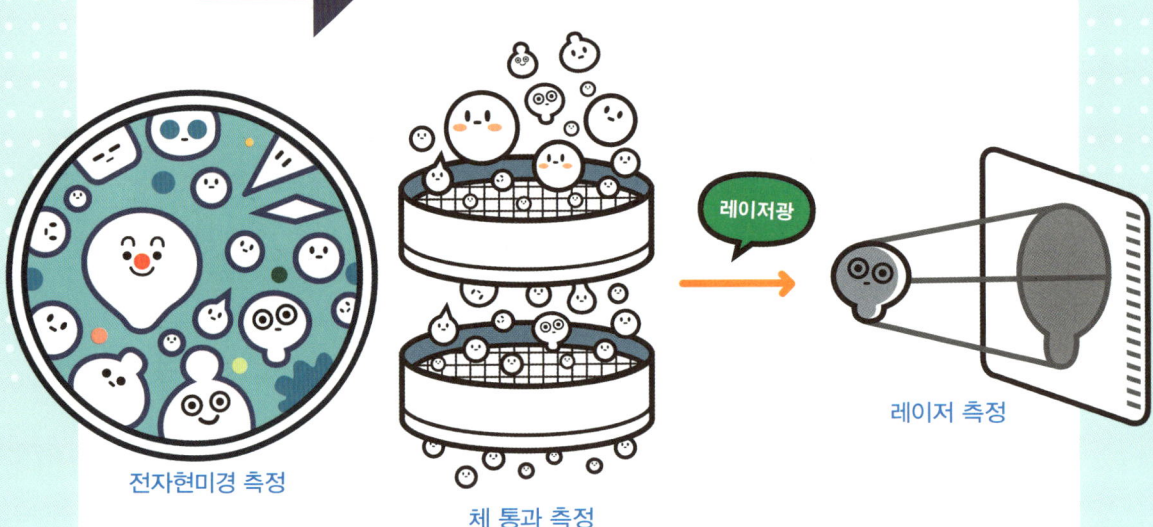

전자현미경 측정　　체 통과 측정　　레이저 측정

　혹시 가루들은 공처럼 동그랗게 생겼다고 생각하지 않나요? 하지만 모든 가루는 제각각의 모양으로 생겼어요. 바닷가에 있는 모래 알갱이들도 다 똑같이 생긴 것 같지만 현미경을 비추어 확대해서 보면 모양도 크기도 제각각이지요.

　그렇다면 가루의 크기는 어떻게 잴까요? 가루를 측정하는 방법은 여러 가지가 있어요. 우선 현미경으로 관찰하며 크기를 재는 방법이 있어요.

　또 다른 방법은 구멍 크기가 각각 다른 체를 사용해서 가루를 통과시키는 거예요. 예를 들어 어떤 가루가 구멍이 200마이크로미터인 체에는 모두 통과했지만 100마이크로미터짜리 체는 통과하지 못했다면, 그 가루는 200마이크로미터보다는 작고 100마이크로미터보다는 큰 가루예요.

　요즈음은 가루에 레이저를 쏘았을 때 튕겨 나오는 파동의 크기와 각도를 보고 가루의 크기를 재기도 해요.

석면의 기막힌 역사

석면은 광물이지만 딱딱한 돌덩이가 아니에요. 석면(石綿)의 한자를 풀이해 보면 '돌 석(石)' 자에 '솜 면(綿)' 자예요. '돌로 만든 솜'이란 뜻이지요.

석면은 솜처럼 부드러워 여러 모양으로 바꾸어 쓸 수 있기 때문에 사람들에게 많은 사랑을 받았어요. 서양에서는 석면으로 옷이나 식탁보를 만들기도 했어요. 석면은 건물을 짓는 데는 물론이고 자동차의 브레이크 패드, 담배 필터, 베이비파우더, 화장품을 만들 때도 사용되었어요.

하지만 석면이 위험한 물질이라는 것이 알려지면서 우리나라에서는 2009년부터 건축 자재는 물론 모든 제품에 석면을 사용하는 것이 금지되었답니다.

12
똑같이 찍어 내는 가루
토너 가루

찌릿 찌릿 ⚡

아이 앗, 깜짝이야! 문손잡이를 잡는데 갑자기 전기가 올랐어. 게다가 이건 뭐지? 까만 가루가 손에 묻었네!

네 손에 전기가 오른 건 정전기 때문이야. 그리고 까만 가루는 토너 가루이고.

아이 토너 가루가 왜 내 손에 묻은 거지?

그것도 정전기 때문이지.

아이 아까부터 뭐든지 다 정전기 때문이라고 하네. 도대체 정전기가 뭐야?

말 그대로 흐르지 않고 멈춰 서 있는 전기야.

아이 그렇다면 보통 우리가 쓰는 전기는 멈춰 있지 않고 움직인다는 거야?

물론이지. 우리가 쓰는 전기는 발전소에서부터 전선을 따라 흘러서 우리 집에 오는 거야. 네가 텔레비전을 볼 때도 계속 전기가 흘러서 텔레비전이 켜져 있는 거지.

아이 그럼 정전기는 어디서 온 거야?

이불이나 우리 몸에도 전기가 있어. 하지만 어디로 흐르지 않기 때문에 쌓여 있는 셈이지. 그러다가 문손잡이처럼 전기가 잘 통하는 물체를 잡을 때 네 몸에 쌓여 있던 전기가 한꺼번에 빠져나가면서 네가 깜짝 놀라게 된 거야.

아이 정전기 때문에 이렇게 찌릿찌릿하지 않으려면 어떻게 해야 해?

우리 몸에 쌓여 있는 전기를 천천히 흘려주면 돼. 예를 들어 전기가 잘 통하는 금속으로 된 문손잡이를 잡기 전에 나무 문짝에 먼저 손을 대는 거지. 그러면 정전기가 일부 빠져나가서 손잡이를 잡아도 깜짝 놀랄 일은 없단다.
아이 흠, 정전기는 사람을 놀라게만 하지 별로 쓸모없는 거구나.
     그렇지 않아! 정전기가 없다면 우린 복사기나 레이저 프린터를 쓸 수 없어.
아이 말도 안 돼! 흐르지도 않는 전기를 이용해서 어떻게 종이에 인쇄를 하니?
     토너는 복사기나 프린터에 들어가는 탄소 가루인데 정전기와 아주 친하단다.
아이 그런데 넌 어떻게 사진 찍듯 똑같이 복사할 수 있는 거야?
     복사할 때 복사기 왼쪽에서 오른쪽으로 밝은 빛이 지나가지?
아이 그래! 그 빛은 나도 본 적이 있어. 그런데 언젠가 도서관에서 복사기 뚜껑을 열고 복사했더니 종이가 시커멓게 나왔어.
     하하! 그런 적이 있었구나. 왜 그렇게 된 건지 복사기의 원리에 대해 설명해 줄게. 빛이 흰 종이에 부딪치면 어떻게 될 것 같아?
아이 빛을 반사하겠지.
     맞아. 반면에 빛이 검은 글자에 부딪치면 검은 글자가 빛을 흡수하지.
아이 그렇다면 복사기는 빛이 반사된 곳은 백지로, 흡수된 곳은 글자로 생각하는구나.
     그렇지. 그래서 뚜껑을 열고 복사하면 빛이 밖으로 빠져나가 전체를 글자로 인식해 검게 나오는 거야.
아이 와, 그렇구나! 그런데 정전기와 복사기가 무슨 관계가 있어?
     복사기 안에는 드럼이라는 장치가 있어. 드럼은 (+)전기를 띠고

	있는데, 복사기에서 되돌아온 빛을 받으면 (+)전기를 잃어버려. 한편 토너는 (−)전기를 띠고 있지.
아이	알겠다. 드럼에서 빛을 받아 (+)전기를 잃은 부분에는 토너가 붙지 않고, 빛이 닿지 않아 (+)전기를 띤 부분에는 (-)전기를 띠는 토너가 들러붙는구나. 같은 극끼리는 밀어내고, 다른 극끼리는 잡아당기는 자석처럼 말이야.
	맞아. 이게 모두 정전기의 힘이지. 마지막으로 열을 줘서 토너 가루를 녹여 종이에 딱 붙이는 거야.
아이	와, 이런 원리로 복사가 되는 거였구나.

< 복사기의 원리 >

가루가 폭발한다고요?

 토너 가루가 쏟아졌을 때는 진공청소기를 이용해서 청소하면 안 돼요.
 복사기의 토너로 사용되는 탄소 가루는 아주 미세해요. 가루가 작을수록 산소와 맞닿는 면적이 넓어져요. 이때 전기나 충격, 혹은 정전기에 의해서 가루에 불이 붙어 폭발하는 현상이 일어나기도 해요. 그것을 분진 폭발이라고 해요. 밀가루를 보관하는 창고나 금속 가루를 취급하는 현장에서도 분진 폭발이 일어날 수 있어요.
 따라서 토너를 바닥에 쏟았을 때 진공청소기를 이용하면 갑자기 전기가 흘러 가루에 불이 붙을 위험이 있답니다.

정전기는 언제 발생하나요?

문손잡이를 잡을 때

악수할 때

옷을 갈아입을 때

머리를 빗을 때

　정전기는 마찰 때문에 생겨요. 생활하다 보면 주변의 물체와 접촉하면서 마찰이 생기는데, 그때마다 전자를 주고받으며 우리 몸과 물체에 전기가 쌓이게 되지요. 그러다가 쌓인 전기가 한도를 넘게 되면 전기가 통하는 물체에 닿았을 때 몸 안의 전기가 순식간에 이동하며 정전기가 생겨요.

　정전기는 땀을 많이 흘리는 사람보다는 땀을 잘 흘리지 않는 사람에게 많이 일어나고, 기름기가 많은 지성 피부보다는 건성 피부를 가진 사람에게 잘 발생하지요. 습도가 높은 장마철에는 정전기가 잘 발생하지 않지만, 건조한데다가 옷을 여러 겹 껴입는 겨울철에는 정전기가 많이 일어나요.

13

쓰고 그리는 가루
먹과 연필심

나야, 먹 가루!

아이   아휴 힘들어. 얼마나 더 갈아야 돼?

50번은 더 갈아야 해.

아이   옛날에 태어나지 않은 게 얼마나 다행인지! 볼펜이나 연필을 쓰면 될 것을 이렇게 불편하게 살다니……. 뭐야? 손에 먹물까지 묻었잖아.

손에 내 친구들이 가득 묻었구나. 물로 씻어 내면 돼.

아이   어? 그런데 너는 누구니?

나는 먹 가루야. 새까맣고 가볍지.

아이   네가 먹 가루라고? 먹이 가루로 만들어진 거였구나. 그런데 먹은 어떻게 만들어? 나무를 태워서 재로 만드는 거야?

재는 나무가 다 타고 난 다음에 남는 회색빛이 나는 아주 고운 가루야. 설마 이 화선지에 회색으로 글씨를 쓰고 싶은 것은 아니겠지?

아이   회색으로 글씨를 쓰면 잘 보이지도 않겠네. 그런데 재가 아니면 너는 무엇으로 만드는 거야? 혹시 숯으로 만드는 거야?

아니. 나는 숯이 아니라 그을음으로 만들어.

아이   그을음? 그게 뭐야?

불을 땔 때 나오는 연기 있지? 덜 마른 나무를 때거나 불이 덜 붙었을 때 특히 많이 나오잖아.

아이   그래, 연기가 나오면 눈이 맵지.

나무가 타려면 공기 중에 있는 산소와 결합해야 해. 하지만 산소와 결합하지 못한 탄소들이 연기에 섞여 나와 주변의 물질에 달라붙어. 그것을 그을음이라고 해.

아이   그걸로 어떻게 먹을 만들지? 먹은 까맣고 단단한 벽돌 같잖아.

|먹| 먹을 만들려면 그을음을 긁어내서 모아야 해. 그러고는 아교를 넣어 밀가루 반죽을 하듯 뭉쳐서 서로 달라붙게 만들어야 하지.

아이: 그을음을 긁어낸다고? 아이고, 먹을 가는 일보다 훨씬 힘들 것 같아. 그런데 아교가 뭐야?

|먹| 아교는 동물의 뼈나 힘줄, 가죽을 푹 고아서 만든 접착제야. 먹을 만들 때에는 아교와 그을음을 섞어 반죽한 다음, 네모나게 모

양을 만든 뒤 그늘에서 말리면 돼.

아이 그런데 말이야, 연필심도 그을음에 아교를 넣고 뭉쳐서 만드는 거야?

아니. 연필심은 흑연과 점토를 섞은 다음에 물을 넣고 반죽해서 뜨거운 불에 구워서 만들어.

아이 점토라면 흙이잖아. 연필심에 흙이 들어간다고?

응. 흑연은 너무 연해서 연필심으로 쓸 수 없어. 연필심은 글씨를 써도 부서지지 않을 정도로 단단해야 하지. 점토가 아교처럼 접착제 역할을 하는 거야.

아이 하지만 흙은 잘 부서지잖아. 그렇게 잘 부서지는 것이 어떻게 접착제 역할을 할 수 있어?

박물관에서 고려청자나 백자를 본 적이 있니?

아이 물론 본 적이 있지.

청자와 백자를 무엇으로 만들까?

아이 흙으로 만들지!

맞아, 고운 흙은 점성이 있어서 서로 잘 달라붙어. 그리고 흙을 반죽해서 구우면 단단해지지. 그래서 연필심도 뜨거운 불에 구워야 하는 거야.

아이 아, 그렇구나! 그런데 연필심을 보면 H, HB, 2B, 혹은 그림을 그릴 때 쓰는 4B 연필이 있잖아. 연필심마다 만드는 과정도 다를 것 같은데?

잘 생각해 보면 답을 알 수 있어. 자, 내가 힌트를 조금 줄게. 연필심의 가장 중요한 원료 두 가지가 뭐지?

아이 흑연과 점토.

흑연과 점토의 역할은 각각 뭐지?

아이	흑연은 검은색을 내고, 점토는 단단하게 하지. 아! 알았다! 흑연이 많이 들어갈수록 색이 진하고 부드러운 심이 되고, 점토가 많이 들어갈수록 색이 옅으면서 단단한 심이 되겠네.
	그렇지! 먹도 마찬가지야. 그을음의 종류마다 더 고운 그을음이 있고, 조금 거친 그을음이 있어. 거친 그을음은 한지에 바로 스며들어 진한 색을 내고, 고운 그을음은 물과 함께 옅게 퍼져 나가 은은한 색을 내지.
아이	우리 조상들도 연필심을 골라 쓰듯 먹을 골라 가며 그림을 그리고 글을 썼던 거구나.
	물론이지.
아이	와, 신기한걸. 그렇다면 내가 갈고 있는 이 먹은 고운 먹일까, 거친 먹일까?
	그것을 알아보려면 딴짓하지 말고 먹을 백번은 더 갈아야 할걸?

물에 녹지 않는 가루도 있나요?

가루 중에는 물에 녹는 것과 녹지 않는 것이 있어요. 예를 들어 소금을 물에 넣으면 흔적도 없이 녹아들지요. 소금 분자를 구성하고 있던 나트륨 이온과 염소 이온이 따로따로 물속을 돌아다니기 때문이지요. 이런 상태를 이온 상태라고 해요.

하지만 물에 흙을 넣으면 어떨까요? 흙은 물에 녹지 않고 물속에 퍼져 있을 뿐이에요. 이처럼 먹물 속의 탄소 가루 역시 물에 녹지 않고 하나하나가 아교에 둘러싸인 채 물속에 퍼져 있어요. 이런 것을 콜로이드 용액이라고 해요. 콜로이드 용액으로는 먹물 외에 우유, 혈액, 잉크 등이 있어요.

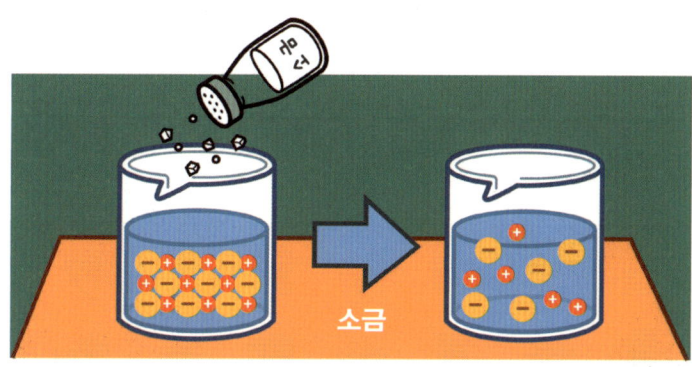

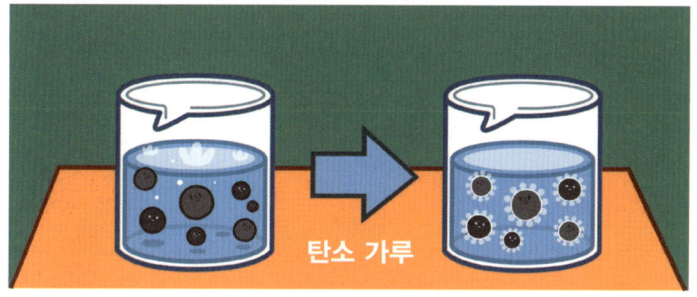

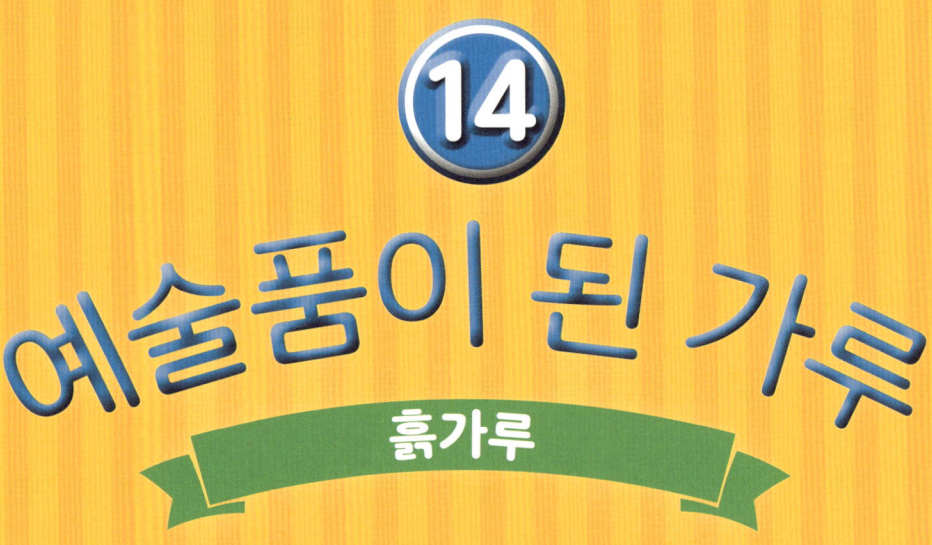

14 예술품이 된 가루
흙가루

나야, 흙가루!

아이   앗 뜨거워!

조심해! 손을 델 뻔했잖아.

아이   하마터면 큰일 날 뻔했네. 흙아, 넌 불가마에 들어가 있으면 뜨겁지 않아?

물론 뜨겁지. 하지만 나같이 평범한 흙가루가 예쁜 도자기가 되려면 이 정도의 뜨거움은 견뎌 내야 해. 불가마 열기를 이겨 내지 못하면 오그라들거나 갈라지고, 안 좋은 빛깔로 변해.

아이   나는 찰흙을 도자기 모양으로 빚어 햇볕에 말리면 도자기가 되는 줄 알았어.

하하하! 어림없지. 도자기를 햇볕에서 말리면 물기가 너무 빨리 빠져나가서 쩍쩍 갈라지고 말아. 그래서 도자기는 꼭 그늘에서 천천히 말려야 해.

아이   도자기를 그늘에서 말린 뒤 불에 굽지 않으면 어떻게 되는데?

물에 젖으면 다시 찰흙이 되지. 흙탕물에 밥을 말아 먹고 싶지 않다면 도자기는 꼭 구워야 해. 그래야 단단해져서 도자기에 물을 담아도 괜찮거든. 그것도 두 번이나 구워야 한다고.

아이   왜 두 번이나 구워야 해?

여기 상감청자를 봐 봐! 어떤 빛깔이 나지?

아이   푸른 빛깔!

여기 백자는?

아이   하얀 빛깔! 그렇게 쉬운 질문을 왜 하는 거야?

생각해 봐. 흙은 원래 이런 빛깔이 아니잖아. 그런데 도자기가 되면 흙빛이 사라지고 이렇게 아름다운 빛깔이 나오게 되지.

아이	그게 두 번 굽는 것과 무슨 상관이야?
	도자기는 흙을 구워 만든 단단한 그릇에 아주 얇게 유리막을 입혔다고 생각하면 돼. 유리는 단단하고 여러 색깔을 낼 수 있거든.
아이	흙을 불가마에서 구우면 저절로 겉에 유리막 같은 게 생기니?
	아니지. 겉면이 유리같이 매끄럽게 되려면 유약을 발라 주어야 해. 하지만 아까 말했듯이 흙으로 만든 그릇에 물처럼 액체로 된 유약을 바르면 어떻게 될까?
아이	흙이 도로 젖어서 도자기가 망가지지 않을까?
	맞아! 그런 이유로 불가마에서 미리 한 번 굽는 거야.
아이	아! 이제 알겠다. 흙과 유약이 안 섞이게 하려고 유약을 바르기 전에 미리 한 번 굽는 거구나. 그래야 도자기가 단단하게 굳을 테니까.
	정확히 이해했구나!
아이	궁금한 게 한 가지 더 있어. 도자기는 아무 흙으로나 만들 수 있는 거야?
	아니. 도자기를 만드는 흙은 엿처럼 잘 달라붙어야 하고, 밀가루 반죽처럼 모양을 만들기 쉬워야 해.
아이	그러면 모래로는 도자기를 만들 수 없겠네?
	하지만 모래를 흙과 잘 섞어 쓰면 좋은 점도 있어. 요즘은 보기 힘들겠지만 항아리를 본 적 있니?
아이	응. 외할머니 댁에서 본 적 있어.
	항아리는 모래를 섞어서 만들어. 그러면 모래와 흙 사이에 틈이 생기는데 그 틈은 너무 작아서 물은 빠져나갈 수가 없어. 하지

< 도자기를 만드는 과정 >

① 모양 빚기
물레를 돌려 원하는 모양을 만듭니다.

② 모양 새기기
물레로 빚은 도자기를 잘 말린 후, 무늬를 새깁니다.

③ 초벌 굽기
약 800도의 온도에서 굽습니다.

④ 유약 바르기
유약은 표면에 유리처럼 반짝이는 막을 씌워 주는 역할을 해요. 그래서 도자기를 더욱 반짝이고 아름답게 보이게 합니다.

⑤ 재벌 굽기
유약을 입힌 도자기를 초벌 때보다 더 높은 약 1300도에서 한 번 더 구워 줍니다.

만 공기는 들어가고 나올 수 있지. 공기가 드나들면 김치가 맛있게 익는단다.

아이   대단한데! 도자기가 이렇게 과학적인 생각을 바탕으로 만든 거라는 걸 처음 알았어.

너도 찰흙으로 도자기를 만들어 봐! 다음 불을 지필 때 함께 가마에 넣어 줄 테니까.

아이   알았어. 박물관에서 보는 것 같은 멋진 도자기를 만들고 말 테야!

가루로 특별한 도자기를 만든다고요?

　도자기는 주로 점토, 고령토, 장석, 규석과 같이 자연에서 나오는 원료를 그대로 사용해서 만들어요. 하지만 합성 원료를 사용하면 새로운 소재의 도자기를 만들 수 있어요. 자연의 원료에 합성 원료를 섞거나, 혹은 합성 원료만으로 만든 도자기를 파인세라믹이라 해요.

　세라믹은 특별한 성질을 가지고 있어요. 그중 하나가 바로 반도체 성질이에요. 반도체는 상황에 따라 전기를 통하게도 하고 막기도 해요. 우리가 사용하는 모든 전자 제품에는 세라믹을 이용한 반도체 기술이 사용돼요.

　세라믹은 열에 강하고 불에 타지 않아 제철소의 용광로를 만들 때도 요긴하게 쓰여요. 열기에 의해 우주선이 녹지 않도록 우주선의 겉면을 세라믹으로 감싸기도 하지요.

15
깨끗하게 하는 가루
탄산수소나트륨 가루

> 나야, 탄산수소나트륨 가루!

	바지에 얼룩이 생겼어. 갈아입어야겠는걸?
아이	어디, 어디? 정말이네! 아까 친구들과 계곡에서 놀 때 묻었나 봐. 할머니께서 생일 선물로 주신 바지인데……. 어쩌면 좋지?
	걱정할 것 없어. 내가 있잖아.
아이	넌 누구야?
	난 탄산수소나트륨이라고 해. 편하게 '소다'라고도 부르지.
아이	네가 이 얼룩을 뺄 수 있니?
	물론이지. 이렇게 지저분한 얼룩을 빼려면 단물로 빨래를 해야 해. 계곡물로는 어림도 없지.
아이	단물이 뭐야? 설탕을 녹인 물이니?
	설탕을 녹인 물은 아니고, 비누를 풀었을 때 거품이 잘 난다고 해서 단물이라고 해.
아이	그렇다면 비누를 풀었을 때 거품이 잘 안 나면 쓴물이야?
	쓴물이라고 안 하고 센물이라고 해.
아이	단물, 쓴물이라고 하면 더 외우기 쉬울 텐데. 여하간 물이면 다 똑같은 물인 줄 알았는데 단물과 센물은 어떤 차이가 있어?
	땅속에는 광물이 많아. 그렇다면 땅속에서 흐르는 지하수에는 무엇이 많이 있을까?
아이	그야 광물이 많이 녹아 있겠지?
	맞아! 지하수에는 마그네슘이나 칼슘이 많이 녹아 있어. 그리고 산에서 흘러 내려오는 계곡물이나 강물, 바닷물도 마찬가지지. 그런 물을 센물이라고 해.
아이	그렇다면 빗물은?

빗물은 단물이야.

아이   왜? 강이나 바다, 땅에서 증발되어 올라간 수증기가 비로 내리는 거잖아.

센물이 증발될 때는 마그네슘이나 칼슘은 놔두고 물만 증발되니까 그렇지.

아이   그래서 시골에 계시는 우리 할머니가 빗물로 빨래를 하셨구나.

그래. 센물로 빨래를 하면 마그네슘과 칼슘이 비누에 달라붙어 거품이 나질 않아. 그때 나, 탄산수소나트륨 가루를 물에 넣으면 센물이 단물로 바뀌어.

아이   어떻게 그럴 수 있지? 무슨 요술을 부린 거야?

요술이 아니고, 마그네슘과 칼슘이 비누 거품에 달라붙기 전에 내가 마그네슘과 칼슘에 달라붙어서 그런 거야.

아이   그럼 집에서 쓰는 수돗물에도 너를 넣어야겠구나!

그럴 필요 없어. 수돗물은 어디서 만들까?

아이   정수장에서 만들지.

정수장 물은 어디서 오지?

아이   강에서 오지.

너 혹시 강물을 그냥 마실 수 있겠니?

아이   더럽잖아. 그걸 어떻게 마시니?

강물을 깨끗하게 하려면 몸에 나쁜 세균도 없애고 더러운 물질도 걸러 내야 해. 그렇게 하려고 염소라는 물질을 정수할 때 넣는데, 그 염소가 마그네슘, 칼슘과 결합해 바닥으로 가라앉지.

아이   그런 이유로 수돗물에는 마그네슘과 칼슘이 없구나. 마그네슘과 칼슘이 없으니 비누 거품도 잘 나고! 그렇다면 수돗물로 빨래하는 일반 가정에서는 네가 필요 없겠네?

 무슨 섭섭한 말씀! 나는 그밖에도 여러 쓸모가 있어.

아이　　어디에 쓰이는데?

 탄산수소나트륨 가루에 물을 조금 섞어서 거울을 닦으면 아주 잘 닦여. 또 나쁜 냄새를 흡수하는 성질이 있어서 음식물 쓰레기 냄새, 담배 냄새, 생선 비린내 등을 없애 주지.

아이　　와, 정말 꼭 필요한 가루구나!

가루가 물처럼 흐른다고요?

밀가루를 그릇에 부어 본 적이 있나요? 그릇에 떨어진 밀가루 위로 안개처럼 하얀 가루가 피어올라요.

밀가루는 빗자루로 쓸어도 잘 쓸리지 않아요. 빗자루 털 사이로 빠져나가기도 하고, 먼지처럼 날아가기도 하고, 빗자루 털이나 쓰레받기에 붙어 있기도 하지요.

이렇듯 가루를 옮기는 일은 매우 어려워요. 그렇다면 밀가루 공장에서는 어떻게 밀가루를 운반할까요? 수송관 안에 공기를 불어넣어 주면, 밀가루는 공기와 함께 물처럼 흘러가요. 이런 방식으로 가벼운 물질을 나르는 일을 '공기 수송'이라 해요.

하지만 아무 가루나 공기 수송 방법으로 운반할 수 있는 건 아니에요. 주로 위험이 적고, 수송로가 구불구불해도 상관없는 물질을 운반하는 데 쓰여요. 끈적끈적하거나 입자 크기가 들쭉날쭉한 물질 역시 공기 수송으로 옮기기 어렵지요.

탄산수소나트륨의 또 다른 이름, 베이킹소다

 탄산수소나트륨은 염기성 물질로 산성 물질과 만나면 중화돼요. 중화할 때 이산화탄소 기포가 발생하지요.

 빵이나 과자를 만들 때 주로 산성을 띠는 우유나 초콜릿, 벌꿀 등을 넣어 밀가루 반죽을 해요. 그러면 밀가루 반죽은 자연스럽게 산성을 띠게 되고, 탄산수소나트륨을 넣으면 중화하면서 이산화탄소 기포가 발생해요. 그리고 밀가루에 든 글루텐은 그물처럼 생겨서 이산화탄소 가스를 가두기 때문에 반죽이 부풀어 오른답니다.

 이처럼 탄산수소나트륨은 빵을 만들 때 쓰는 것이라고 해서 '베이킹소다'라고도 불러요.

16 위험한 가루
시안화칼륨 가루

나야, 시안화칼륨 가루!

아이   아유, 이게 무슨 냄새지?

       놀이터에서 누가 담배를 피웠나 봐. 담배 연기가 완전히 날아갈 때까지 다른 데 가서 이야기하자.

아이   상관없어. 여기서 그냥 놀래.

       담배 연기는 몸에 좋지 않아. 위험한 가루가 많이 들어 있거든.

아이   위험한 가루도 있어?

       물론이지. 나 시안화칼륨 가루도 위험한 가루 중 하나라고.

아이   시안화칼륨? 처음 들어 봐.

       응. 어른들도 내 이름을 잘 몰라.

아이   그런데 너는 여기에 어떻게 왔어?

       누군가 피운 담배 연기에서 나왔어. 담배에는 나뿐 아니라 다른 나쁜 성분들이 많이 들어 있어. 그중 대표적인 것이 니코틴, 타르, 일산화탄소야.

아이   그렇게 해롭다면서 사람들은 담배를 왜 피우는 거야?

       아이들이 컴퓨터 게임에 빠져드는 것처럼 담배에도 중독성이 있어. 그래서 피우기는 쉬워도 끊기는 어려운 거야.

아이   나쁜 성분을 저렇게 들이마시다 보면 금방 병들게 될 텐데……

       담배에는 나와 같은 나쁜 성분들이 아주 적은 양만큼 들어 있어서 당장 병에 걸리지는 않아. 하지만 계속해서 담배를 피운다면 암처럼 무서운 병에 걸릴 수도 있단다.

아이   아유, 무서워. 그런데 너 말고 위험한 가루에는 또 어떤 것들이 있어?

       가령 농부들이 뿌리는 농약도 위험한 가루이지. 우리 몸에 안 좋은 미세먼지, 총알을 날아가게 하는 화약도 가루로 되어 있어.

그리고 전염병을 옮기는 병균도 아주 작은 크기여서, 가루라고 생각한다면 살아 있는 위험한 가루라고 할 수 있겠지.

아이 그렇구나.

그보다 더 위험한 가루들도 있어. 화학무기로 쓰이는 독가스!

아이 하지만 가스는 가루가 아니잖아.

독가스는 가스로 되어 있는 것도 있지만 아주 작은 가루로 되어 있는 것도 있어.

아이 가루로 되어 있어도 독가스라고 불리는구나.

제2차 세계대전 때 아우슈비츠에서 독일인들이 유태인들을 학살할 때 쓴 독가스는 치클론B라는 물질이야. 이 물질은 공기와 만나면 기체로 변해. 기체로 되면 공기 중으로 퍼지게 되고 사람들은 이 독가스를 들이마시게 돼. 그럼 우리 몸속 세포들이 숨을 못 쉬게 되어 고통 속에서 죽게 되지.

아이 너무 잔인하다. 지금은 그런 독가스는 안 쓰이지?

혹시 '명탐정 코난' 만화를 본 적 있니?

아이 응. 본 적 있어.

그 만화에 나오는 장면 중에 사람을 몰래 죽일 때 독극물을 사용한 적이 있어.

아이 그래, 청산가리!

맞아, 청산가리는 나의 또 다른 이름이야. 나는 유태인을 죽일 때 쓰인 치클론B와 성분이 거의 똑같아.

아이 끔찍해라. 그런데 의사들은 살해된 사람이 청산가리를 먹어서 죽은 건지 어떻게 알 수 있어?

	나를 먹으면 손끝이나 입술, 얼굴이 파랗게 변하거든.
아이	왜 그렇게 변하지?
	시안화칼륨을 먹으면 먼저 우리 몸의 세포가 산소를 받아들이지 못하게 돼. 따라서 세포로 이루어진 심장과 폐 등의 기관들이 경련과 마비를 일으켜 죽게 되지. 피에는 산소가 많아도 세포에는 산소가 부족해. 따라서 피가 많은 곳은 붉게 보이지만 손끝, 발끝, 입술 등 비교적 피가 적은 부분일수록 산소가 부족해 파랗게 보인단다.
아이	정말 무섭다. 그렇다면 그렇게 무서운 시안화칼륨을 왜 만들어?
	시안화칼륨을 이용해 만든 화합물은 가공하기가 쉽고 충격에도 잘 버텨. 그래서 안전모나 서핑 보드를 만들 때 쓰이고, 나일론을 만드는 데도 쓰이지. 또한 도금하거나 광물에서 금을 추출할 때도 쓰여. 으, 그리고 미안하지만 담배를 맛있게 만들어 주기도 해.
아이	넌 정말 무섭고도 고마운 가루구나. 앞으로는 무서운 가루 말고 고마운 가루만 되렴.
	나를 쓰는 건 사람이라고. 그래서 말인데 내가 좋은 가루가 되도록 잘 부탁해~!

가루는 다른 종류의 가루와 잘 섞여요

시안화칼륨이 들어가면 물질을 쉽게 가공할 수 있어요. 따라서 생활용품을 만드는 데 많이 사용되지요.

옷, 양말, 스웨터를 만드는 데 시안화칼륨이 들어가기도 해요. 또한 충격에도 강해 자동차 부품이나 안전모를 만들 때도 쓰여요. 그래서 화재가 나서 이러한 물건들이 탈 때는 시안화칼륨 가스가 나오니 조심해야 해요.

시안화칼륨을 이용한 시안화수소산은 공업용 원료로 많이 쓰여요. 나일론의 원료를 만들 때나 광물에서 금을 추출할 때도 꼭 필요한 물질이지요.

17

우주를 여행하는 가루

파인세라믹 가루

나야, 파인세라믹 가루!

	별똥별이다!
아이	어디, 어디? 와! 별똥별이 정말 예쁘다.
	별똥별이 떨어질 때 소원을 빌면 소원이 이루어진대.
아이	조금 더 일찍 알려 주었으면 좋았을 텐데. 별똥별이 순식간에 사라졌는걸.
	그러게, 아깝다! 내가 별똥별이 타 버리지 않게 도와줄 수도 있었을 텐데.
아이	네가 어떻게 그런 일을 할 수 있어? 너 혹시 요정이니?
	나는 불과 열에 아주 강한 파인세라믹 가루거든.
아이	파인세라믹 가루가 별똥별을 타지 않게 도와줄 수 있다니 놀라운걸! 그럼 별똥별은 타면서 떨어지는 거였니?
	그래, 태양처럼 불타면서 스스로 빛을 내지.
아이	혹시 별똥별이 기름이나 나무, 아니면 제트기 연료 같은 것으로 되어 있는 거야?
	아니야, 별똥별은 우주 먼지와 돌로 되어 있어. 작은 별똥별들은 너무 빨리 타 버려서 눈으로 보기가 어렵고, 큰 별똥별들은 우리가 소원을 빌 수 있을 정도로 좀 더 오래 타. 밝게 오래 타는 별똥별일수록 덩어리가 크다고 생각하면 돼.
아이	그럼 돌이 스스로 탄다는 말이야? 세상에나!
	내 설명을 먼저 들어 봐. 너 혹시 별똥별이 얼마나 빠른 속력으로 떨어지는지 알고 있니?
아이	비행기보다는 빠르겠지? 시속 1000킬로미터 정도?
	땡! 별똥별이 대기권으로 들어올 때는 초속 12~72킬로미터의

속력으로 들어와.

아이   그렇게나 빨라?

응. 이때 지구의 공기와 부딪치며 1600도 이상의 높은 온도를 내지. 마그마(용암)의 온도가 1200도 정도 된다고 하니 별똥별이 얼마나 뜨거운지 알겠지?

아이   그래서 타는 거구나. 근처에 얼씬도 하면 안 되겠네! 그런데 별똥별을 보니 색깔도 다양한 것 같던데.

맞아! 별똥별 안에 칼슘이 많이 포함되어 있으면 주황색, 나트륨이 많이 들어 있으면 노란색을 띠게 돼.

아이   그럼 운석은 뭐야?

	지구의 대기권을 통과하면서 다 타지 못하고 땅이나 바다에 떨어진 별똥별을 운석이라고 해.
아이	그렇다면 내가 과학관에서 본 운석은 1600도의 높은 온도에서도 타지 않고 남은 부분이네? 그런데 우주로 나갔다가 지구로 돌아오는 우주선은 어떻게 타지 않고 멀쩡할 수 있지?
	글쎄, 왜 그럴까?
아이	우주선은 돌이 아닌 금속으로 되어 있잖아. 그래서 지구의 대기를 통과할 때도 녹지 않는 거야?
	대부분의 금속도 1600도 정도 되면 녹아 버려. 납은 327도면 녹고, 알루미늄은 660도면 녹아. 금과 은, 구리는 1000도 안팎에서 녹고, 철도 1538도에서는 녹아 버리지.
아이	그렇다면 우주선은 어떻게 그 뜨거운 온도를 버티는 거야?
	우주선의 표면은 금속이 아닌 흙으로 되어 있어.
아이	흙이라고? 흙이라면 조금만 건드려도 다 떨어져 나가잖아.
	흙을 불에 구우면 단단하게 굳어. 옛날 사람들은 이를 이용해 도자기를 구워서 사용했어. 지금은 흙으로 구운 도자기보다 좀 더 발전된 파인세라믹을 이용해 도자기를 만들 수 있어.
아이	파인세라믹은 어떻게 만드는데?
	점토나 고령토, 장석, 규석과 같은 천연 재료에서 사람들이 좀 더 강화하고자 하는 성분만을 따로 떼어 내 모으지. 그렇게 모은 성분을 아주 고운 가루로 만들어서 반죽해. 그리고 도자기를 구울 때보다 더 뜨거운 불에서 구우면 파인세라믹이 만들어져. 그게 바로 나야.

아이	너는 1600도가 넘는 열에서도 타지 않는단 말이지?
	그래, 끄떡없어. 과학자들은 파인세라믹 타일을 만들어서 우주선의 몸체에 꼼꼼하게 붙이지. 파인세라믹으로 실을 만든 뒤 옷감처럼 만들어서 붙이기도 해. 우주선 하나에 무려 3만 장 이상을 붙인단다.
아이	와, 네가 없었으면 우주선이 불타면서 떨어질 뻔했구나. 하마터면 떨어지는 우주선을 보고 소원을 빌 뻔했네.

같은 가루로 다른 물질을 만들어요

　가루는 고체이지만 아주 작아서 서로서로 잘 붙어요. 그래서 가루에 물을 섞은 후 반죽하면 여러 가지 다른 것들을 만들 수 있어요.
　예를 들어 같은 밀가루라도 섞는 물질에 따라서 부드러운 카스텔라도 되고, 바삭한 과자나 쫄깃한 국수도 되지요. 전자 제품 속 반도체도 실리콘 가루 등 여러 가루를 섞어서 만들어요.
　이와 같이 만들고자 하는 물질의 특성에 맞는 광물 가루나 금속 가루, 여러 가지 인공 가루를 섞으면 새로운 물질을 만들 수 있어요.